WAS MACHEN SIE EIGENTLICH MIT IHREN GEDANKEN?

Einführung in die Logbuchtechnik

AF191835

WAS MACHEN SIE EIGENTLICH MIT IHREN GEDANKEN?

EINFÜHRUNG IN DIE LOGBUCHTECHNIK

Wolfhard Symader

Bibliografische Information Der Deutschen Bibliothek:
Die Deutsche Bibliothek verzeichnet diese Publikation in der Deutschen
Nationalbibliografie; detaillierte bibliografische Daten sind im Internet
über <http://dnb.ddb.de> abrufbar.

© März 2007 – Wolfhard Symader
Herstellung und Verlag: Books on Demand GmbH,
Norderstedt

ISBN 978-3-8334-6598-7

Inhalt

UNGENUTZT

„HASTE WAS BISTE WAS"
NUTZT NICHTS, WENN MAN
NICHT WEISS, WAS MAN HAT.

Sie lesen ein Buch, hören einen Vortrag oder sprechen mit Menschen. Sie betrachten ein Kunstwerk oder eine Landschaft. Ganz egal ob Buch, Vortrag, Menschen, Kunstwerk oder Landschaft langweilig sind oder spannend, trist oder phantastisch, sie erwecken in jedem Fall bei Ihnen Gedanken und Gefühle.

Was machen Sie eigentlich mit diesen Gedanken und Gefühlen?

oder

Jemand kommt zu Ihnen mit dem Wunsch, sie möchten doch, bitte schön, einmal ihre letzten zehn interessanten Gedanken auflisten. Die Chefetage interessiert sich dafür. Sie sind sich ganz sicher, dass Sie mehr als nur zehn interessante Gedanken in den letzten Tagen hatten, aber irgendwie haben Sie die im Augenblick alle verlegt.

Wichtige Geschäftsvorgänge sortieren Sie in Ordnern. Warum lassen Sie dann Ihre guten Gedanken

Was machen Sie eigentlich mit ihren Gedanken und Gefühlen?

Wichtige Geschäftsvorgänge sortieren Sie in Ordnern. Warum lassen Sie dann Ihre guten Gedanken einfach

irgendwo in Ihrem Kopf herumliegen?

einfach irgendwo in Ihrem Kopf herumliegen?

oder

Sie haben eine großartige Idee. Es ist die Idee des Jahres. Wie kamen Sie zu dieser Idee? Kreuzen Sie bitte in Ihrem Fragebogen eine der drei folgenden Antworten an.

◊ Diese Idee war ein Geschenk des Himmels.
◊ Ich habe mir diese Idee erarbeitet, aber ich weiß nicht so genau wie.
◊ Solche Ideen kann ich zwar nicht unbedingt täglich, aber doch nach Belieben produzieren.

Gute Ideen sind weder Gratisgeschenke, noch Lotteriegewinne.

Gute Ideen sind weder Gratisgeschenke, (Danke liebe Fee), noch Lotteriegewinne. (Gestern hätte ich fast eine Riesenidee bekommen, aber die Zusatzzahl passte nicht.)

oder

Wer glaubt, dass gute Ideen auf der Straße liegen, der muss nur zwei Dinge trainieren.

Da gibt es ein Konkurrenzteam. Das hatte noch nie eine eigene Idee. Die haben alles abgekupfert, kopiert, übernommen, bestenfalls ein wenig weiterentwickelt. Aber die sind erfolgreich. Die heben einfach alles auf, was auf der Straße liegt.

8

Wieso finden wir nie etwas oder sind wir einfach nur zu faul zum Bücken?

oder

Sie hatten schon so viele gute Ideen. Aber irgendwie sind die alle gestorben. Vielleicht hatten Sie nur keine Zeit, sich darum zu kümmern. Aber warum gibt es andere, die Idee auf Idee umsetzen, und am Ende nie mit leeren Händen dastehen?

Es gibt eine Menge unbeantworteter Fragen, die allein deshalb unbeantwortet bleiben, weil man sie für im Augenblick nicht wichtig hält, sie deshalb nicht ausdrücklich stellt und über deren Antwort man folglich auch nicht nachdenkt.
Ideen, um die sich niemand kümmert, verkümmern.

Die Augen und den Rücken.

Ideen, um die sich niemand kümmert, verkümmern

DER FEINE UNTERSCHIED ZWISCHEN ERFAHRUNG UND VERGANGENHEIT

Gedanken, Ideen und Gefühle sind vergänglich. Die meisten von ihnen verschwinden nach einiger Zeit wie von einer Fotoplatte, die nicht fixiert wurde. Wer glaubt, sie als Erinnerungen im Gedächtnis speichern zu

9

können, wird sich wundern. Natürlich gibt es Fixierungsmittel, die dem Gedächtnis helfen. Bücher, Filme, Fotos, Gesprächsmitschnitte, alle großen Zeitdokumente halten Gedanken fest, möchte man meinen. Doch das ist ein Irrtum.

Selbst ein hochklassiger Film enthält nur einen winzigen Bruchteil von dem, was alles passiert ist. Das kann auch nicht verwundern, wenn Filmarbeiten von einem Jahr Dauer auf neunzig Minuten Spielzeit komprimiert werden.

Im Geschäftsleben ist das nicht anders. Ein kreatives Team führt erfolgreich ein Projekt durch. Der Abschlussbericht wird irgendwo abgelegt, der Profit erscheint in den Bilanzen, das Produkt bereichert die Palette und die lokal veränderten Organisationsstrukturen gehen in das Selbstverständnis des Unternehmens mit ein. Alle sind zufrieden.

Jeder weiß, dass die Erfolgschancen dieser Gruppe für ein zweites Projekt ungleich höher sind, als wenn eine neue Gruppe mit dieser Aufgabe betreut wird. Der Vorsprung der alten Gruppe besteht in ihrem Gruppenwissen, das aus der Gruppenerfahrung des letzten Projektes stammt und nirgendwo dokumentiert ist. Erfahrung nennt man das einfach. Wenn dieses erfolgreiche Team auseinander fällt, geht dieses Gruppenwissen verloren und lebt nur noch bruchstückhaft in den Erinnerungen von „Weißt Du noch" fort.

Wir glauben, dass Bücher und Erfindungen, Trophäen und Vertragsabschlüsse, marktreife Produkte oder erfolgreiche Weiterbildungskonzepte die Endergebnisse sind, auf die es ankommt. Der Herstellungs- oder Entstehungsprozess tritt dem Produkt gegenüber in den Hintergrund und ist lediglich der Weg zum Ziel. Entscheidend ist, dass der Nagel sitzt, nicht der Weg des Hammers.

Irrglaube: Entscheidend ist, dass der Nagel sitzt. Wichtiger ist der Weg des Hammers

Dieser Glaube ist ein Irrglaube. Wer den Entstehungsprozess beherrscht, bekommt die Endprodukte geschenkt. Wer weiß wie man einen Bestseller schreibt, braucht sich um seine Zukunft keine Sorgen zu machen. Wer weiß, wie man kreuz und quer denkt, hat ständig gute Gedanken und wer weiß, wie man einen schnellen und zuverlässigen Rennwagen baut, gewinnt früher oder später die Weltmeisterschaft in der Formel 1. Anders herum gilt:

Wer ständig gute Endprodukte herstellt, kennt mit Sicherheit einen effizienten Produktionsprozess. Ein Einzelerfolg ist aber meistens Zufall.

Nicht, dass diese Einheit von Prozess und Ergebnis gänzlich unbekannt ist. Teamleiter wissen die Erfahrung vorheriger Projekte zu nutzen. Marketingabteilungen wissen, dass man nicht nur ein Produkt vermarkten kann, sondern auch eine Unternehmenskultur. Geschäftsidee oder Unternehmenskonzept lassen sich über Franchising verkaufen. Das ist alles nicht neu. Aber das sind unzusammenhängende einzelne Bäume, die nur deshalb gefällt werden, weil man davor gelaufen ist. Der Wald wird dabei einfach übersehen.

Jeder Unternehmer verschleudert oder verliert einen hohen Prozentsatz seiner unternehmerischen Leistungen durch schiere Unaufmerksamkeit.

Die Erkenntnis, dass ein Unternehmen nicht nur ein Produkt oder eine Dienstleistung anbietet, sondern auf dem Weg dorthin noch eine Vielzahl anderer Leistungen erbringt, liegt nicht auf einer der oberen Bewusstseinsebenen und wird deshalb auch nicht genutzt, geschweige denn vermarktet oder in die Umsatzbetrachtung mit einbezogen.

So verschleudert oder verliert jeder Unternehmer einen hohen Prozentsatz seiner unternehmerischen Leistungen durch schiere Unaufmerksamkeit. Nichts ist einfacher als das zu verhindern, denn alles was man tun muss ist, zunächst seine Aufmerksamkeit zu erhöhen und dann den Lichtkegel seiner Aufmerksamkeit auf diesen Punkt zu richten.

Deshalb macht es sowohl betriebswirtschaftlich als auch für jede einzelne Person Sinn, den Entstehungsprozess von Produkten in einer permanenten Dokumentation festzuhalten.

Aber

Die richtige Dokumentation kreativer Prozesse verschließt die Schlupflöcher, durch die sich Gruppenleistungen auf und davon machen wollen.

DIE LÖSUNG

Es gibt ein einfaches Werkzeug, um mit seinem ungenutzten Potential umzugehen. Es heißt Logbuch oder Journal.

Das Logbuch
– bringt neue Ideen hervor,
– rettet und entwickelt unsere Gedanken,
– ist das Instrument für die täglichen Etüden des Profis,

- liefert eine Dokumentation des eigenen Tuns und
- schafft über die Schärfung der Wahrnehmung und die gezielte Suche nach aufregenden Erkenntnissen und Einsichten eine spezielle Lebensqualität, die überdies noch sehr viel Freude bereitet.

Ob dieses Werkzeug etwas für uns ist, lässt sich mit einer ganz einfachen Frage klären:

„Für wie wichtig halte ich meine eigenen Gedanken?"

Wer diese Frage ohne zu zögern mit einem „Ich halte meine Gedanken für äußerst wichtig." beantwortet, hat die halbe Strecke zu unserem Ziel bereits zurückgelegt. Es ist übrigens völlig egal, ob auch andere unsere Gedanken für wichtig halten. Die anderen zählen nicht, weil die ja auch nicht daran interessiert sind, dass ausgerechnet wir unser persönliches Potential besser nutzen wollen.

Die Entscheidung für das Logbuch ist eine Entscheidung gegen das So–nebenher–Denken. Das Logbuch ist das Handwerkzeug für den Profi.

Die Entscheidung für das Logbuch ist eine Entscheidung gegen das So-nebenher-Denken. Das Logbuch ist das Handwerkzeug für den Profi.

14

WAS IST EIN LOGBUCH

Das Grundprinzip des Logbuchs lautet: „Schreib auf, was Du denkst." Das war ursprünglich eine großartige Innovation, die eingeführt wurde, als der Mensch merkte, dass er nicht alles im Kopf behalten konnte und Gedanken und Ideen nur eine kurze Lebenszeit haben. Skizze, Zeichnung, Bild oder später die Schrift waren gewaltige Hilfswerkzeuge für einen überstrapazierten Verstand. Sie waren so gewaltig, dass man mit Bildern sogar die Seelen der Tiere fangen konnte. Die anschließende Jagd war dann nur noch der Vollzug. Das Grundprinzip des Logbuchs: „Schreib auf, was Du denkst."

Das Grundprinzip des Logbuchs: „Schreib auf, was Du denkst."

An dieser Situation hat sich bis heute nicht viel geändert. Wenn Innovationen für den Überlebenskampf nötig sind und ein Betrieb nicht auf die Rote Liste aussterbender Betriebe kommen möchte, dann braucht er Gedanken und Ideen. Wer die Arbeit mit Gedanken und Ideen mag, wer also gerne nachdenkt, der braucht Hilfsmittel. Das sind vor allem:

— Ein Werkzeug, um effektiver nachzudenken

- Eine Vorstellung, was man mit den eigenen Gedanken bewirken will
- Gedankeninhalte
- Eine Gedankenverarbeitungsstrategie
- Zeit zum Nachdenken
- Tipps zum Einstieg und zum programmierten Lernerfolg

Um von dem Grundprinzip des „Schreib auf, was du denkst." bis zum vollentwickelten Werkzeug zu kommen, haben wir allerdings noch ein paar Schritte zu gehen.

Das, wo die Gedanken hingeschrieben werden, Heft, Buch oder Computerfile, nennt man Logbuch. Das ist zunächst einmal nicht sehr aussagekräftig.

Vielleicht geht es so:

Ein Logbuch ist eine Minifabrik, die Ideen herstellt, versteckte oder verborgene Ideen findet, vorhandene Ideen sammelt, ordnet, bewertet oder auswertet, Ideen miteinander verknüpft und so neue Konzepte schafft und – Achtung, Vorsicht – den, der mit diesen Ideen umgeht dabei gründlich verändert.

Wem das noch zu wenig konkret ist, für den kann man es hochkonzentriert so formulieren:

In einem Logbuch steht alles drin, was einem ein- und auffällt. Wenn nichts drin steht, dann ist einem auch nichts ein- oder aufgefallen.

Damit wird bereits klar: das Schreiben eines Logbuches stimuliert das Ein- und Auffallen.

In einem Logbuch steht alles drin, was einem ein- und auffällt. Wenn nichts drin steht, dann ist einem auch nichts ein- oder aufgefallen.

NOTIZBUCH UND TAGEBUCH

Das Logbuch ist keine neue Erfindung, und es hat berühmte Vorgänger. Die beiden bekanntesten Vorformen sind das Notizbuch und das Tagebuch, die aber in ihrer Effizienz weit hinter dem Logbuch zurückbleiben, weil sie nur Einzelaspekte berücksichtigen.

So ganz schlecht ist ein Notizbuch nicht. Wer ein Notizbuch hat, in das er alles Mögliche einträgt, hält einfach mehr Dinge für wichtig. „Im Zweifel für das Notizbuch" gegen die Annahme „Ach das wird schon nicht so wichtig sein." Ein Notizbuchführer hat ständig mehr

Gedanken präsent, die er in Denkprozesse oder Überlegungen einbeziehen kann, als seine Kollegen. Aber da hört es dann auch schon wieder auf.

Notizbücher helfen nur etwas besser gegen das Vergessen als ein Knoten im Taschentuch.

Notizbücher sind eine Maßnahme gegen das Vergessen und etwas besser als ein Knoten im Taschentuch.

Knoten im Taschentuch sind nicht mehr in Mode. Was tun wir also, wenn wir verhindern möchten, dass die gerade gedachte, gute Idee irgendwo verschwindet und man im Augenblick keine Zeit hat, sich mit ihr auseinander zu setzen? Ganz einfach, wir notieren sie auf einem Zettel.

Und was tun wir jetzt mit dem Notizzettel? Unter günstigen Umständen wird die Idee in den nächsten Tagen umgesetzt. Sonst fliegt der Zettel einige Zeit auf dem Schreibtisch herum, bis er in den Papierkorb weht.

Wo sind Ihre Notizzettel vom vorigen Jahr?
Weg!
Na klar.

Das Notizbuch als ständiger Wegbegleiter ist besser als der Zettel, aber eine Frage bleibt trotzdem. „Was mache ich mit den Notizen?" Eine Notiz ist nur eine Gedankenstütze. Eine Notiz ist kurz und knapp. Eine Notiz heißt:
„Nicht vergessen bitte."
„Donnerstag Zahnarzt" ist auch eine Notiz.

Ein Notizbuch ohne eine anschließende Gedankenweiterverarbeitung ist langfristig nichts Weiteres als ein Ideengrab mit dem zusätzlichen Nachteil, dass es einen in trügerischer Sicherheit wiegt.

Notizbücher sind Ideengräber

Edison war ein fortgeschrittener Notizbuchschreiber. Er blieb nicht beim Notieren stecken, sondern arbeitete seine Ideen in seinen Büchern bereits aus, nahm sie später wieder auf und verwirklichte einen Teil von ihnen. Edison war Erfinder und Geschäftsmann. Für ihn standen die Erfindungen im Vordergrund. Sie waren sein tägliches Geschäft. Es gibt einen qualitativen Unterschied zwischen der Notiz „Donnerstag Zahnarzt" und den ersten Skizzen einer Glühbirne.

Auch das Tagebuch hat seine Berechtigung. Vor allem dann, wenn wir staunend vor einem zunächst unbegreiflichen eigenen Ich stehen und niemanden haben, mit dem wir über uns selbst sprechen können. Hat man sich aber erst einmal an das eigene Ich gewöhnt, dann verkommt das Tagebuch zu einer Art ständigen Bericht mit täglichem Zwang zum Rapport. Ob ein Tagebuch erfolgreich geführt wird, hängt einzig davon ab, ob die Beschäftigung mit sich selbst eine Nabelschau ist oder ob man aus dieser Beschäftigung etwas gewinnen kann, das einen direkt bei seinen Plänen und Zielen unterstützt. Auch hier ist die entscheidende Frage: Was mache ich mit meinen Tagebucheintragungen?

Die Beschäftigung mit sich selbst ist eine gute Sache, wenn man weiß, warum man sich mit sich selbst beschäftigt.

Die Beschäftigung mit sich selbst ist eine gute Sache, wenn man weiß, warum man sich mit sich selbst beschäftigt.

Das Logbuch ist ein **Notizbuch**, in dem alles steht, was einem einfällt und was man nicht vergessen möchte.

Das Logbuch ist auch ein **Tagebuch**, in das man alles hineinschreibt, was man jeden Tag für wichtig erachtet.

Das Logbuch ist aber vor allem ein **Arbeitsbuch**, in dem man sich zielgerichtet mit ganz speziellen Fragen, Themen und Aufgaben auseinandersetzt und ihre Umsetzung angeht.

Weil ein Logbuch das alles auf einmal ist, gibt es keine Überlegungen, dass bestimmte Gedanken nicht in ein Tagebuch, sondern in ein Notizbuch oder umgekehrt gehören. Solche bürokratischen Regeln sorgen höchstens dafür, dass viele Gedanken verloren gehen. Deshalb braucht man auch für alles, was man schreibt nur ein einziges Buch oder im Computer nur einen einzigen Masterfile.

Was das Logbuch zur Rakete macht ist seine Verbindung von Einfall und Idee mit dem nachfolgenden Schritt der kontinuierlichen Gedankenverarbeitung. Das Logbuch ist ein Metatool für den schaffenden Menschen, und nicht für den Gedankenverwalter, der erst dann beruhigt ist, wenn alle Gedanken in ihren entsprechenden Kästchen schlummern.

Notizbuch und Tagebuch sind zwei beeindruckende Faustkeile, aber erst das Logbuch ist der Hammer.

Notizbuch und Tagebuch sind zwei beeindruckende Faustkeile, aber erst das Logbuch ist der Hammer.

NÄGEL MIT KÖPFEN

Es kann ein berauschendes Gefühl sein, ständig neue Gedanken zu denken und gute Ideen zu haben. Aber letzten Endes führt das alles zu nichts, wenn wir diese Gedanken nicht verwerten und die Ideen nicht umsetzen.

Die einfache Frage „Wie führt man sein Logbuch?" entscheidet darüber, ob ich mir eine Ablage von Gedanken schaffe, die als Ablage so tot ist wie der New Yorker Zentralfriedhof oder ob ich einen Bienenkorb bekomme, in dem es ständig kribbelt und summt.

Gedanken haben ist die eine Sache, was man aus ihnen macht aber eine andere.

Das Logbuch ist nicht nur Werkzeug. Es ist ein Metatool, eine Werkzeugmaschine, mit der wir uns vor allem genau die Werkzeuge herstellen können, die wir für die Erledigung unserer eigenen Aufgaben benötigen. Wer sein Logbuch falsch führt, hat am Ende lediglich eine Sammlung von Werkzeugexponaten, für die man ein technisches Museum bauen kann, wo sie aus sterilen Glasvitrinen in ehrfurchtsvoll geöffnete Münder starren.

Wenn wir keinen Weg finden, der garantiert, dass aus den gedachten Gedanken ein Produkt, ein Werkzeug oder eine Erkenntnis wird, dann bleibt das Logbuch nur eine interessante Beschäftigung, die nach einiger Zeit gegen eine andere interessante Beschäftigung eingetauscht wird.

Für das Metatool **Logbuch** sind es gleich vier Fragen, mit denen wir uns beschäftigen müssen.

1. Wie ändere ich mein Verhalten, dass das Logbuch auch tatsächlich in die Reihe meiner Tageswerkzeuge aufgenommen wird?
2. Zu welchem Zweck will ich mein Logbuch führen.
3. Was schreibe ich hinein?
4. Was mache ich mit den Gedanken?

WIE ÄNDERE ICH MEINE TAGESROUTINE

Eine der zentralen Ideen bei der Anwendung von Metatools ist es, dass sie unser grundlegendes, ganz normales Verhalten punktuell verstärkt und dadurch eine dauerhafte Verhaltensänderung erreicht. Das Ziel der Logbuch-technik ist es, **von heute ab alle neuen Gedanken und Ideen zu notieren und anschließend aus diesen Gedanken etwas zu machen.** Die Änderung des Verhaltens ist gering, der Hebeleffekt ist gewaltig.

Den Wert eines Werkzeuges zu erkennen und mit einem Werkzeug tatsächlich zu arbeiten sind zwei Paar Schuhe.

Den Wert eines Werkzeuges zu er-kennen und mit einem Werkzeug tatsächlich zu ar-beiten sind zwei Paar Schuhe.

Wer schon immer seine Gedanken aufgeschrieben hat, hat es leichter, ein Logbuch zu führen als andere, weil er nur noch den Schritt vom Amateur zum Professional gehen muss. Für alle anderen bedeutet das Logbuch eine Veränderung ihrer Tagesroutine.

Lernen ist eine Verhaltensänderung.

Lernen ist eine Verhaltensänderung

Diesem Satz kann man leicht zustimmen, bis man seine Konsequenz bemerkt. Andererseits gibt es ein Bündel von guten Vorsätzen, die den Neujahrstag nicht überleben. Der gute Vorsatz scheint wohl nicht der Königsweg zu sein.

Ich ändere täglich mein Verhalten, aber meine guten Vorsätze erfülle ich nie.

Andererseits kann manchmal schon eine Kleinigkeit ausreichen, unser Verhalten zu verändern, ohne dass wir es bemerken. Eine Baustelle, die nur zwei Wochen besteht bringt uns dazu, unseren Anfahrtsweg zum Arbeitsplatz für immer und ewig zu verändern. Es wird täglich tausendfach bewiesen, dass wir unser Verhalten leicht verändern können.

WIE ES NICHT GEHT.

Wer sagt, dass er ein Logbuch oder was sonst auch immer führen will,
– weil er das für sinnvoll hält und
– weil er es sich daher vorgenommen hat
– und er außerdem immer macht, was er sich vorgenommen hat,

wer das sagt und anschließend auch tut, der hat meine volle Bewunderung. Ich würde das nicht durchhalten, und mir fällt in meinem Freundes- und Bekanntenkreis auch niemand ein, dem ich das zutraue.

WIE ES VIELLEICHT GEHT

Das ist der Weg über das Ausprobieren. Wessen Ziele noch nicht so klar sind, dass er weiß, was er tun muss, sollte einmal drei Monate ein Logbuch führen. Probeweise. Drei Monate lassen sich mit etwas Selbstdisziplin und Neugier bewältigen und sind ausreichend, um das Potential dieses Werkzeuges zu erfahren. Ein gutes Thema für diese Schnupperphase ist „Was erwarte ich vom Leben und wie kann ich es erreichen" oder „War es heute ein guter Tag? Warum (nicht)? Was kann ich tun, damit es morgen ein guter Tag wird?" Nach drei Monaten wird dann eine bewusste Entscheidung für oder gegen das Logbuch getroffen.

Mit der Entscheidung für das Logbuch sind wir aber noch nicht über den Berg. So lange das Logbuch Energie in Form von Selbstdisziplin und Beharrungs-vermögen verbraucht, so lange ist es als Werkzeug nicht zu gebrauchen. Über kurz oder lang wird es dort im Werkzeugkasten landen und einstau-ben, wo schon alle die anderen Methoden wie „Zeitmanagement", „Mitarbeiterführung leicht ge-macht", „Zehn Schritte auf dem Weg zu einer besseren Performance", „Selbstmotivation" und „positives Denken" lagern.

Was wir noch brauchen ist der Schritt, der das Logbuch zu einer Selbstverständlichkeit macht, auf die automatisch zurückgegriffen wird,

Ein erfolgreiches Werkzeug bringt immer mehr als es kostet.

wenn man eine Aufgabe angeht. Das geschieht erst in dem Augenblick, in dem wir mehr aus dem Logbuch herausholen, als wir hineinstecken.

WIE ES GANZ BESTIMMT GEHT

Die Entscheidung für oder gegen das Logbuch konkurriert mit unserer Tagesroutine, die wir grundsätzlich als unabänderlich betrachten. In diese Konkurrenz sollten wir uns gar nicht erst hineinbegeben.

Wir treffen daher eine andere Entscheidung. Wir fragen uns, ob wir ab heute etwas Neues schaffen wollen oder nicht, ob wir ab heute ganz gezielt uns selbst und unsere Fähigkeiten verbessern wollen.

Wenn wir das nicht wollen, brauchen wir über das Logbuch nicht weiter nachzudenken. Wenn wir das aber wollen, dann haben wir ein Ziel mit klaren Umrissen, das uns ständig dazu antreibt, es zu erreichen. Wenn wir ein solches Ziel wirklich erreichen wollen, dann müssen wir uns alle Hilfsmittel zusammensuchen, die wir dazu brauchen. In diesem Fall werden die schnellen Erfolge, die das Logbuch liefert, es zu einem unverzichtbaren Werkzeug machen, das einfach deshalb eingesetzt wird, weil wir unsere Ziele erreichen wollen.

Wer kein Ziel hat braucht auch kein Logbuch.

Wer kein Ziel hat braucht auch kein Logbuch.

DIE EINSATZFELDER DES LOGBUCHS

DETEKTIV, KUNDSCHAFTER, FORSCHER UND ENTDECKER

Max ist eine erfolgreiche Führungskraft der übernächsten Generation, elf Jahre alt, hochbegabt und mit einem IQ über 130 versehen. Max hatte gewaltige Schulprobleme. Seine Sicht der Welt ließ sich in drei Sätzen zusammenfassen:

- Ich bin intelligent.
- Meine Mitschüler sind entweder dumm oder verstehen mich nicht.
- Meine Lehrer mögen mich nicht.

Er bekam die wissenschaftliche Aufgabe, das System Schule oder das System Klasse verstehen zu lernen. Seine Starthilfe waren einige Anfangsfragen und Tipps, wie man beobachtet. Die Beobachtungen wurden im Logbuch gesammelt und wöchentlich in einer Gruppe gleichaltriger, hochbegabter Kinder diskutiert. Die Ergebnisse wurden ebenfalls im Logbuch festgehalten.

Nach einigen Wochen brauchte Max vier Sätze für seine Weltansicht:

- Ich bin anders als meine Mitschüler.
- Meine Mitschüler verstehen mich nicht.
- Meine Lehrer mögen mich nicht.
- Ich verstehe meine Lehrer nicht.

Nach sechs Monaten hatte Max das System Klasse und Schule durch eigene Beobachtungen und Überlegungen so weit verstanden, dass er keine Schulprobleme mehr hatte. Der entscheidende Unterschied zu vorher war, dass er nicht mehr ein Spielball undurchsichtiger Kräfte war, sondern verstanden hatte, dass er das System Klasse so beeinflussen kann, dass er darin leben und auch aktiv etwas bewirken kann. Seine Weltansicht sah jetzt folgendermaßen aus.

- Ich bin anders als meine Mitschüler
- Meine Mitschüler verstehen mich nicht, aber das macht nichts.
- Einige Lehrer haben Angst vor mir, aber ich weiß warum.

Detektiv, Kundschafter, Forscher und Entdecker haben eines gemeinsam. Sie wollen ihr Umfeld verstehen lernen, um für sich oder andere aus Zeichen, Beobachtungen und Schlussfolgerungen Verhaltensregeln abzuleiten. Der Detektiv fällt etwas aus dem Rahmen, weil für ihn nur wichtig ist, wie etwas war. Die anderen drei interessiert mehr, wie etwas ist oder sein wird. Was alle diese Herren verbindet ist die gemeinsame Überzeugung, dass man sich in einem beliebigen Umfeld nur dann sinnvoll verhalten und somit überleben oder gewinnen kann, wenn man dieses Umfeld kennt.

Glaubenskenntnis: Um zu überleben, muss man die Welt, in der man lebt, einigermaßen verstehen.

Frank ist ein leitender Angestellter der heutigen Generation. Er bekam den Auftrag ein ehrgeiziges Programm zu starten, um aus einer Phase der Stagnation herauszukommen. Der Erfolg war mäßig. Ein zweites Programm wurde nachgeschoben mit noch schlechterem Erfolg. Beide Programme waren gründlich vorbereitet, gut durchdacht, ausreichend finanziert und floppten trotzdem. Frank war der Meinung:

> - Ich bin gut und mein Programm ist gut.
> - Die anderen sabotieren oder blockieren mein Programm.
> - Ich verstehe nicht, warum die das tun.

Jedes neue Programm bedeutet eine deutliche Veränderung im Unternehmen und muss deshalb gegen alle Beharrungskräfte ankämpfen, die das Unternehmen zu bieten hat. Ein neues Programm hat nur dann Aussicht auf Erfolg, wenn erstens die Zielrichtung ganz klar ist und wenn zweitens dieses Programm mit der Unternehmenskultur wenigstens einigermaßen kompatibel ist. Das Verständnis der Unternehmenskultur ist aber nichts anderes als eine große Status Quo Analyse.

Frank und seine Kollegen haben auf ein drittes Programm verzichtet. Zurzeit arbeiten sie daran, ihr eigenes Unternehmen zu verstehen.

Erfolgsorientierte Menschen begnügen sich nicht damit, auf Änderungen einfach nur zu reagieren. Sie wollen ihr Umfeld so verändern, dass sie die eigenen Ziele oder die des Unternehmens leichter erreichen können. Völlig gleichgültig, ob es dabei um die eigene Karriere, um Marktmechanismen, Verbraucherverhalten, Ökosysteme, Innovationsprozeduren oder Erfolgsstrategien geht. Für erfolgsorientierte Menschen ist es daher besonders wichtig herauszufinden, wie der Hase läuft. Sonst kann es leicht passieren, dass etwas völlig anderes eintritt, als man ursprünglich erwartet hat.

Für die eigene Karriere genügt es, die geheimen Spielregeln im Unternehmen herauszufinden und sich danach zu richten.

Wer hingegen sein Unternehmen verändern will, um es zu einem innovativen oder kundenorientierten oder lernenden oder sich selbst organisierenden Unternehmen zu machen, muss diese Regeln ändern. Dazu genügt es nicht, sie zu kennen. Wir müssen außer den Regeln selbst auch noch etwas über ihre Entstehungsgeschichte und Ursachen lernen, ferner die Menschen und Mechanismen, die diese Regeln weiterhin unterstützen, verstehen und die Meinungsmacher, die nicht immer mit den offiziellen Entschei-

Unternehmen, wer bist Du?

35

dungsträgern identisch sind, identifizieren.

Die Welt verstehen zu lernen ist die Vision der Wissenschaft, die über Jahrhunderte ein fast unübersehbares Arsenal von Methoden und Techniken angehäufelt hat. Das Werkzeug „Logbuch" ist nur eines davon. Es dient der Verstärkung und Schärfung des inneren Dialogs, weil das der zentrale Punkt unseres Denkens ist. In Deutschland gibt es gegenüber anderen Ländern wie den USA einen gewissen Nachholbedarf, was an unserer Ausbildung liegt. Weder die Grundlagen des wissenschaftlichen Arbeitens noch das wissenschaftliche Schreiben als Teil des wissenschaftlichen Erkenntnisprozesses spielen eine ernst genommene Rolle an deutschen Universitäten. Es darf also nicht verwundern, wenn diplomierte Volks- und Betriebswirte von der Logbuchtechnik noch nie etwas gehört haben. Umso vorteilhafter für den, der diese Technik einsetzt.

Um alles auf einen Punkt zu bringen: Das Logbuch ist ein Nachdenkverstärker, der bei dem Versuch, verstehen zu lernen, eingesetzt wird.

Um alles auf einen Punkt zu bringen: Das Logbuch ist ein Nachdenkverstärker, der bei dem Versuch, verstehen zu lernen, eingesetzt wird.

DIE IDEENMANUFAKTUR

Um auf neue Ideen zu kommen, gibt
es grundsätzlich drei Möglichkeiten.
Man kann neue Ideen herstellen,
vorhandene Ideen retten oder fremde
Ideen finden.

DIE HERSTELLUNG VON IDEEN

Die ersten Nietenhosen und späteren
Blue Jeans wurden von einem
Geologen erfunden, dem immer die
Taschen herausrissen, weil er zu
viele Gesteinsproben eingesammelt
hatte.

Das kleine Stadttaxi wurde
eingeführt, weil sich jemand über
hohe Taxipreise und Raumver-
schwendung bei Einzelfahrgästen
ärgerte.

Die Freitag-Tasche war die Antwort
auf die ständige Verlegenheit,
größere Gegenstände im Alltag
bruchsicher zu transportieren.

Wer sich in seinem Leben nie ärgert,
seinen Ärger nie bemerkt oder ganz
schnell wieder vergisst, kann auf
diese Art natürlich nicht auf Ideen
kommen.
Wer aber seinen Ärger notiert, wird
irgendwann eine Idee haben, wie er

diesen Ärger abstellen kann.

Ärger und Freude sind häufig der Anfang für neue Gedanken, die sich wie ein Gebäudekomplex oder eine Bundesgartenschau zusammenbauen lassen.

IdeGed 2000

Eine internationale Ausstellung von Ideen und Gedanken.

IdeGed 2000, die Weltausstellung von Ideen und Gedanken auf der Schwelle zum nächsten Jahrtausend.

Gedanken lassen sich zu Wolkenkratzern auftürmen, die Wolkenkratzer durch Straßen, Telefonleitungen, Über- und Unterführungen miteinander verbinden, und die ganze Ideenstadt wird harmonisch, kraftvoll und ruhig oder konfliktträchtig, funkensprühend und lebendig in eine Landschaft eingebettet. Die Techniken, mit denen wir das machen können, sind vielfältig und wohl bekannt. Sie reichen von der formalen Logik bis zum freien Assoziieren, vom kreativen Gedankensprung bis zur wohlstrukturierten Gedankenbahn.

Stefanie war dafür verantwortlich, die Chancen eines neuen Getränkes auf Weinbasis in Osteuropa abzuschätzen. Sie sammelte in einer Art Tagebuch ihre eigenen Erfahrungen, Eindrücke und Erinnerungen und konzentrierte sich dabei auf die Vergleiche Deutschland, Polen und Russland.

In einem zweiten Schritt entwickelte sie eine Konzeption für ein Buch über den Alkoholkonsum, die den Rahmen für eine gezielte Recherche bildete. Das Buch tatsächlich zu schreiben hatte sie aber nie beabsichtigt.

In Selbstexperimenten verzichtete Stefanie in Gesellschaft auf jeglichen Alkohol und überprüfte die jeweiligen sozialen Reaktionen in den drei Ländern.

Sie fand deutliche Marktchancen bei Sekt und bei Weinbränden im unteren Preissegment. Beeindruckt waren ihre Auftraggeber neben dem unkonventionellen Vorgehen vor allem von der Vielzahl der berücksichtigten Aspekte und von der Gedankentiefe.

Wolfgang baute gleich einen ganzen Gedankenturm, der wie eine auf die Spitze gestellte Pyramide wirkte.

Erster Gedanke:
– „Der Weg ist das Ziel" ist eine Lebensphilosophie, die einen unbesiegbar macht.

Zweiter Gedanke:
- „Was mache ich eigentlich den ganzen Tag und wie mache ich das, was ich mache?"

Dritter Gedanke:
- „Ich bin ein leitender Angestellter.
- Ich führe meine Mitarbeiter,
- ich suche nach Zukunftsperspektiven,
- ich entwerfe kleinere strategische Konzepte, und ich versuche eine hohe Performance zu erreichen."

Vierter Gedanke:
- „Wie man seine Mitarbeiter führt, habe ich mir irgendwo abgeguckt.
- Wie man nach Zukunftsperspektiven sucht, weiß ich nicht.
- Strategisches Denken habe ich nie richtig gelernt.
- Wie man eine hohe Performance erreicht habe ich so nach und nach herausgefunden.
- Was kann ich eigentlich richtig? Was habe ich eigentlich gelernt?
- Betriebswirtschaft! Das ist aber nicht das, was ich in meinem Job brauche."

Fünfter Gedanke:
- „Wie finde ich heraus, wie man seine Mitarbeiter führt?

- Wo kann ich das beobachten, wer weiß, wie das geht, welche Erfahrungen habe ich bereits gemacht, wie kann ich meine Menschenführung verbessern. Mit wem kann ich mich darüber unterhalten, welche Teile lassen sich lehren, was ist an die eigene Persönlichkeit gebunden. Wie sieht meine Idealvorstellung von Menschenführung aus?
- Welche Möglichkeiten habe ich in die Zukunft zu blicken ...?"

Im Logbuch werden Gedanken zu Konzeptionen zusammengeschmiedet.

Im Logbuch werden Gedanken zu Konzeptionen zusammengeschmiedet.

DIE GEDANKENPROSPEKTION

Jeder hat es selbst oft genug erlebt, dass er manchmal auf einfache Fragen keine Antwort findet, obwohl das benötigte Wissen vorhanden ist. Offensichtlich reicht es nicht, ein Wissenspäckchen zu besitzen, es muss auch noch so etwas wie Anschrift und Absender daraufgeklebt sein, die darüber entscheiden, ob das Päckchen überhaupt gefunden wird. Gibt es zu einer Situation keine passende Zustellanschrift, geht die Frage zurück an den Absender, gleichgültig ob man das Päckchen hätte brauchen können oder nicht.

Die Gedanken kön-nen sich noch so gut verstecken, an irgendeiner Ecke schaut immer ein Stück von ihnen heraus.

Gedanken und Ideen sind Sonderformen des Wissens, die sich einem bewussten Zugriff schnell entziehen können, weil sie sich gerne auf der Grenze zwischen Bewusstsein und Unterbewusstsein verstecken. Man weiß, dass sie vorhanden sind und hat's „auf der Zunge". Greift man zu, sind sie weg und verschwinden für einige Zeit. Ob oder wann sie zurückkehren, weiß man nicht. Erzwingen lässt es sich nicht. Aber durch eine Erweiterung des Raumes, der das Bewusstsein ausmacht, erhöht sich der Gedankenpendelverkehr. Die Techniken der Achtsamkeits-erweiterung sind einfach zu erlernen und Teil der Logbuchtechnik.

Ein einfacher Weg mit halbver-steckten Gedanken umzugehen ist das Vertauschen von Rollen. Wer beispielsweise wissen will, ob er etwas, das er gestern als Schüler gelernt hat, auch heute noch verstanden hat, braucht es morgen nur als Lehrer anderen zu erklären. Unsere Gedanken erhalten durch die Sprache der Erklärung eine scharfe Kontur und bleiben dadurch in Zukunft im bewussten Bereich. War die Erklärung nicht erfolgreich, dann war das Verstehen nicht tief genug. Das ganze nennt sich Lernen durch

Lehren. Wer nicht gern erklärt, kann auch ein Buch darüber schreiben. Der Effekt ist derselbe. Gedanken brauchen Sprache, um Gestalt anzunehmen. Das Logbuch ist der Ort wo die Sprache platziert wird.

Gedanken brauchen Sprache, um Gestalt anzunehmen.

Gute Verkäufer versetzen sich in die Position der Kunden und gute Rhetoriker konzipieren jede Rede aus der Sicht der Zuhörer. Daraus lässt sich die Strategie entwickeln, alle wichtigen Tätigkeiten aus mindestens zwei Blickwinkeln zu entwickeln.

Viele gute Gedanken werden aber erst gar nicht gedacht, obwohl sie gedacht werden könnten, und viele gute Ideen, die gedacht wurden, gehen wieder verloren, weil man versäumt hat sie abzuspeichern.

DER KAMPF GEGEN DAS VERGESSEN.

Diesen Kampf führt die Menschheit ständig und hat sich daran gewöhnt. Doch die Situation ist viel schlimmer als man meint. Kaum jemand bemerkt, dass er über einen ständigen Fluss von guten und interessanten Gedanken verfügt, die zum allergrößten Teil nach kurzer und deshalb ganz oberflächlicher

Überprüfung wieder verworfen werden. „Keine unmittelbare Bedeutung", sagt uns unser Verstand. Diesen Schatz voreilig verworfener Gedanken und Ideen zu heben, ist eine äußerst lohnende Aufgabe.

Viele Kreativitätstechniken machen im Übrigen nichts anderes, als kräftig in unserem Unterbewusstsein herumzurühren und dann die an die Oberfläche gewirbelten Gedanken abzuschöpfen. Was für ein Aufwand. Jedes Mal, wenn man eine Idee braucht, wird die Kreativitätsmaschine neu angeworfen. Machen Sie einmal Ihrem Produktionsleiter klar, dass es das beste Verfahren ist, die Maschinen meistens still stehen zu lassen und nur ab und an unter Volldampf zu setzen. Hochöfen würden dieses Prozedere nicht lange überleben, Sie selbst als Manager und Initiator dieses Unsinns wahrscheinlich auch nicht. Aber bei der Ideenfindung soll dieser Quatsch funktionieren.

Wenn Gedanken nicht ständig gerührt werden, setzen sie sich ab und brennen an.

Was wir brauchen sind keine Kreativkampagnen, sondern ein kontinuierliches leichtes Rühren und ein kontinuierliches Abschöpfen von Gedanken.

Wenn das Gehirn alle seine Gedan-

44

ken verwirft, um sich nicht weiter zu belasten, dann genügen ein Zettel, ein Buch oder ein Computer, um diese Gedanken festzuhalten. Alles, was wir brauchen, ist lediglich eine gewisse Sensibilität unseren eigenen Gedanken gegenüber. Die stellt sich glücklicherweise durch den Umgang mit den eigenen Gedanken von selbst ein, so dass wir uns nicht weiter darum kümmern müssen.

Das Logbuch geht über den Schritt des Merkzettels hinaus und bekämpft das Vergessen von Ideen vor allem durch das Arbeiten mit diesen Ideen. Die gedankliche Auseinandersetzung, die Vergrößerung und Ausformung von Ideen macht es unserem Gehirn unmöglich, sie einfach im Nichts verschwinden zu lassen. Wahrscheinlich glaubt es, es hätte bereits zu viel Arbeit investiert.

Wenn wir einmal gemeinsam überlegen, wann wir eigentlich auf interessante Gedanken kommen, dann erscheinen auf unserer kurzen Liste wahrscheinlich Antworten wie „Beim Autofahren, Zähneputzen, Rasieren, Gartenarbeit, an den drei roten Ampeln" etc.

Wenn wir anschließend weiter überlegen, was wir mit diesen Ge-

Wir können lesen, was geschrieben steht, aber wir können auch lesen, was geschrieben stehen könnte.

danken machen, werden wir wahrscheinlich entsetzt feststellen, dass wir mit all diesen Gedanken gar nichts machen und deshalb auch keine zweite Liste aufstellen können. Genießen Sie bitte eine Minute lang den vor Ihnen liegenden weißen Zettel, auf dem jetzt nichts steht. Man kann auch von leeren Zetteln etwas ablesen.

Wir können lesen, was geschrieben steht, aber wir können auch lesen, was geschrieben stehen könnte.
SOI, „Save our ideas" ist ein Spiel, das mit viel Vergnügen gespielt werden kann, auch wenn wir es am Anfang nicht virtuos beherrschen. Wir spielen es zunächst anfängerhaft, aber Mau-Mau haben wir als Kinder auch lernen müssen. Das war doch ein Teil des Vergnügens.

GEWUSST WO

Außer uns haben auch andere Menschen Ideen und Gedanken. Und das nicht zu knapp. Schludrig wie wir Menschen nun einmal sind, lassen wir sie überall herumliegen. Deshalb sagt man auch, dass die guten Ideen auf der Straße liegen und man sie nur aufzuheben braucht. Der Rest ist in Büchern und Heften, im Fernsehen und in Ausstellungen zusammengetragen und bereits zur freien Verwendung aufbereitet. Jeder braucht nur zuzugreifen.

Wer allerdings zu blind ist, diese Ideen und Gedanken zu sehen, der kann sie auch schwerlich aufheben oder sich ihrer bedienen. Gehen wir ruhig davon aus, dass wir alle blind sind und eher zufällig hin und wieder über etwas stolpern. Aber mit den geeigneten Techniken lassen sich eine partielle Wahrnehmungsfähigkeit und eine zielbezogene Sensibilität herstellen. Alles was man braucht ist ein Trainingsprogramm für die eigene Beobachtungskraft. Der Ort, wo dieses Programm erarbeitet, getestet und überprüft wird und wo alle Erfahrungen gesammelt werden, ist das Logbuch.

Lehrbücher sind teuer. Einige Studierenden kamen bei ihrer Logbucharbeit innerhalb eines Seminars für wissenschaftliches Schreiben auf die Idee, Verlagen anzubieten, deren Lehrbücher zu rezensieren. Das hatte gleich mehrere Konsequenzen.

> – Die Rezensenten konnten die Bücher behalten.
> – Sie hatten den Stoff im Kopf, weil sie ihn durcharbeiten mussten.
> – Die Verlage hatten Rezensenten, die aus dem Kreis ihrer Kundschaft kamen.
> – Die Schreibpraxis der Studierenden verbesserte sich rapide.
> – Die Rezensionen konnten als Abschlussarbeit eingereicht werden.

**Kurzum:
Das Logbuch macht aus einem Gedankenrinnsal einen Springbrunnen.**

Kurzum: Das Logbuch macht aus einem Gedankenrinnsal einen Springbrunnen.

DAS GEDANKENVERARBEITENDE GEWERBE

Nach erfolgreicher Logbucharbeit haben nun sowohl der Entdecker als auch der Ideenmanufakturist eine Fülle von Ideen und Gedanken. Das ist immer viel mehr, als man umsetzen kann. Alles, was wir nicht weiter bearbeiten, weil wir keine Zeit haben, weil es nicht zu den augenblicklichen Zielen passt, weil die Infrastruktur nicht vorhanden ist, weil ..., – das alles landet unweigerlich auf einer großen Halde.

Es soll aber keine gute Idee mehr verloren gehen, nur weil sie nicht in die Produktpalette passt. Nach diesem Motto gliedern amerikanische Firmen wie Thermo Electron selbständige Firmen aus, die von ihren Muttergesellschaften mit Know How und Kapital unterstützt werden. Einzige Vorbedingung: ausreichendes Wachstum oder Gewinn. Es setzen sich wohl allmählich die zwei Erkenntnisse durch, dass erstens gute Ideen Kapital sind, und dass zweitens gute Ideen im falschen Umfeld zum Scheitern verurteilt sind.

Wer mehr Ideen hat als er nutzen kann, wird die ungenutzten Ideen verlieren. Sind Sie schon einmal auf die Idee gekommen, Ideen zu verschenken? Eigentlich tut man das nicht so gern. Der Eigentumsbeschützerinstinkt ist einfach zu stark.

Ich selbst habe damit aber allerbeste Erfahrungen gemacht und feststellen können, dass der Nutzen gleich dreifach eintritt:
– Leute, die einem nicht so wohlgesonnen sind und denen man Ideen schenkt, haben anschließend Hemmungen einem Ideen zu stehlen. Das ist ein recht guter Schutz gegen Ideenklau.

- Der Gewinn durch den Ausbau eines Freundesnetzes ist erheblich größer als das Risiko, einen Konkurrenten hoch zu züchten.
- Wer seine Ideen Leuten schenkt, die dafür bekannt sind, dass sie lieber Ideen umsetzen als selber welche finden, tut anderen einen Gefallen und hat es außerdem geschafft, seine Ideen vor dem Vergessen zu retten. Er bleibt in die geistige Auseinandersetzung eingebunden und kann sich daran freuen, dass sie umgesetzt wird.

Naiv?

Nicht unbedingt.
Wie soll man das Potential seiner eigenen Ideen erkennen, wenn sie nur zu einem Bruchteil umgesetzt werden. Natürlich besteht die Gefahr, dass der Beschenkte anschließend an einem vorbeirauscht. Aber dann sollte man herausfinden, warum man seine eigene Idee so drastisch unterschätzt hat.

Wenn Sie jemanden sehen, der seine Idee mit Zähnen und Klauen verteidigt, seien Sie ihm nicht böse. Er hat nur die eine.

Wer allerdings nur eine einzige Idee in seinem ganzen Leben hat, der muss diese natürlich mit Klauen und Zähnen verteidigen.

50

DAS GEHEIMVERSTECK

Kreative Köpfe spielen mit ihren Gedanken und Ideen. Sie tun das aus Freude und erschaffen deshalb viel mehr hervorragende Ideen als andere Leute. Gleichzeitig produzieren sie aber auch eine Unmenge an Gedankenschrott.

Würden alle Ideen erzählt, mitgeteilt, propagiert, der Ideengeber könnte sich vor Häme nicht retten. Nichts ist einfacher als einen vorläufigen Gedanken oder eine erste Idee zu schlachten. Außerdem bereitet es Freude und bringt einen Vorteil im Konkurrenzkampf um die Hackordnung. Die besten Ideen sind aber so unkonventionell, dass die herkömmlichen Beurteilungskriterien allesamt den Daumen senken. Das war's dann. Dass die neuen Ideen nur unter neuen Kriterien gesehen werden können, ist hinter den Wällen von Zielvorgaben, Kostenmanagement oder shareholder value einfach nicht zu erkennen. Der letale Hieb geschieht nicht durch das Gladiatorenschwert, sondern durch den einfachen Satz: „Der spinnt ja."

Junge Gedanken brauchen Schutz.

Man kann nun aufhören, zu spinnen

Junge Gedanken brauchen Schutz.

51

oder neue Ideen zu denken und so werden wie alle anderen, die nicht wissen, wie man spinnt. Man kann seine neuen und aufregenden Gedanken aber auch an einem geheimen Ort aufbewahren und dort so lange mit ihnen spielen und herum experimentieren, bis sie gegen bösartige Kritik resistent genug geworden sind. Dieser geheime Ort, wo niemand stört und in die neuen Gedanken hineinredet, das ist unser Logbuch.

Die Krux ist ja nicht, dass es außer den guten Ideen so viele Gedanken gibt, die murks sind. Die Krux ist, dass es für wirklich innovative Ideen keine geeigneten Beurteilungskriterien gibt.

Unternehmen sehen das größte Hindernis bei der Entwicklung von Innovationen darin, verlässlich zu überprüfen, welche Ideen weiterentwickelt werden sollen, und setzen mit dieser Einschätzung voraus, dass eine solche Überprüfung grundsätzlich möglich ist. Aber wie will man mit Kriterien von gestern den Erfolg von morgen bestimmen? Oberflächliche Widersprüche zum Vorhandenen sind weder ein Kriterium für Innovation oder Kreativität noch ein Hinweis auf gedanklichen Unsinn. Das einzige Kriterium, das ich kenne, ist die Begeisterung, die diese Idee bei dem auslöst, der sie hat, und die Beharrlichkeit, mit der diese Idee weiterverfolgt wird. Der Schöpfer der Idee sieht etwas, was alle anderen noch nicht sehen. Was hingegen völlig ohne Belang ist sind die Bedenken der Skeptiker.

Das einzige Qualitätskriterium einer neuen Idee ist die Begeisterung der Leute, die sich damit abgeben.

Ich habe während meiner Tätigkeit an der Universität vor vielen Jahren alle meine Vorlesungen abgeschafft und als neue Lernziele das Training unterschiedlicher Arten des Denkens und das Begreifen übergeordneter Prinzipien gesetzt. Das für die Examina benötigte Fachwissen wurde nur noch durch die Fallbeispiele abgehandelt. Heraus kam ein Lehrkonzept mit dem Kürzel FFF, das für „Fähigkeiten vor Fertigkeiten vor Faktenwissen" steht.

Wer deutsche Universitäten kennt weiß, dass das Hintenansetzen der eigenen Fachinhalte (Kernkompetenz, auf die man stolz ist) auf ein ähnliches Befremden stoßen musste, als wenn man einem Fahrzeugbauer vorschlagen würde aufzuhören, Autos zu bauen und statt dessen Kunden beizubringen, sich ihr

Traummodell selbst zusammenzubauen. Vielleicht ist es nicht unbedingt die ganz große Idee Mercedes, Ford und Opel vorzuschlagen, eigene Fahrschulen zu gründen, das Sicherheitstraining nicht nur dem ADAC zu überlassen und seinen Kunden zu zeigen, was man mit einem Fahrzeug alles anstellen kann. Wenn man mit einem Opel nicht mehr anstellen kann als mit anderen Autos, dann baut Opel das falsche Auto.

ERNTE, WAS REIF IST

Gute Ideen setzen sich nicht von alleine um. Sie müssen umgesetzt werden. Die gesamte Umsetzungsproblematik lässt sich auf das einfache Phänomen der kritischen Kraft zurückführen. Frei nach unserer Schulphysik ist Kraft das Produkt aus Masse und Beschleunigung. Damit eine Idee oder eine Innovation umgesetzt werden kann benötigt sie eine kritische Masse oder eine kritische Geschwindigkeit.

Wir kennen das aus der Natur. Ein Schneeball kann am Hang hängen bleiben oder zu einer Lawine werden. Dazwischen gibt es nichts. Aus einem lokalen Windwirbel kann sich ein Tornado entwickeln, muss aber nicht. Eine Idee kann zu einer Innovation werden, sie kann aber auch wieder in Vergessenheit geraten.

Gedanken erhalten ihre kritische Masse dadurch, dass man mit ihnen umgeht, und sie erhalten ihre Geschwindigkeit durch die Bereitschaft, sie umzusetzen. Ein Gedanke, der unentwegt in immer wechselnden Beziehungen angedacht wird, ist ein typischer Attraktor. Er zieht andere Beobachtungen und Gedanken an sich, gewinnt dabei an Gestalt und Form und wird immer größer. Er bekommt eine Eigendynamik und baut ein eigenes Beziehungsgeflecht zu anderen Gedanken auf. Er findet durch sein Wachstum unter anderen Gedanken Bündnisgenossen und Gegner. Wir kennen den Spruch: „Wer einen Hammer findet, sieht plötzlich überall Nägel." Wer einmal gelernt hat, in Systemen zu denken, sieht überall nur noch Systeme und Interaktionen.

Einige Gedanken haben planmäßig nach Erreichen ihrer kritischen Masse ganze Zeitabschnitte der Wirtschaft bestimmt. Die Erkenntnis, dass sich die Arbeit in Einzelschritte zerlegen lässt, führte zur Fließbandarbeit. Die Beobachtung, dass das Fließband die Menschen zerstört, führte zu einer Gegenbewegung und Wiederentdeckung des Menschen als soziales Wesen und dem Konzept der Teamarbeit. Die Fließbänder wurden beibehalten, aber robotisiert.

Andere wie der Steigbügel, die Buchdruckerkunst, das Schießpulver oder die Uhr hatten Auswirkungen, die sich niemand vorzustellen vermochte. Sie erhielten ihre Kraft dadurch, dass Menschen sich mit diesen neuen Erfindungen beschäftigten.

Der Gedanke lässt uns nicht mehr los. Und wir lassen diesen Gedanken nicht mehr los.

Jeder Unternehmer kennt das Phänomen, wenn ein Gedanke ein Unternehmen oder eine Belegschaft nicht mehr los lässt. Dann riecht es nach Aufbruch und überall breitet sich eine kraftvolle Unruhe aus. Was der Unternehmer aber oft nicht kennt ist die Umkehrung dieses Satzes. Der Innovateur lässt seinen Gedanken nicht mehr los.

Die kritische Geschwindigkeit ist eine andere Sache. Sie entsteht innerhalb der Organisationen, in der wir uns bewegen. Was zu lange braucht, um zur Suppenschüssel zu kommen, verhungert. Wer zu viel hin- und herläuft kommt so außer Atem, dass er irgendwann stehen bleibt. Die öffentlichen Medien sind wahre Meister darin, aufregende politische Ideen so lange festzuhalten und auszusaugen, bis sie völlig zerredet und zerschrieben sind.

Ein Gedanke, der durch viele Köpfe geht, wächst und nimmt Gestalt an. Ein Gedanke, der durch viele Mäuler geht, wird hingegen zu einem gestaltlosen Brei.

Ein Gedanke, der durch viele Köpfe geht, wächst und nimmt Gestalt an. Ein Gedanke, der durch viele Mäuler geht, wird ein gestaltloser Brei.

Edison war ein Meister der Beherrschung von Trägheit und Beschleunigung. Jede neue Erfindung produzierte gleich neue Ideen. Elemente alter Erfindungen wurden in neue Erfindungen umgesetzt. Keine Idee war je zu Ende. Selbst nach der Umsetzung in eine Innovation hatte sie häufig noch genug Schwung, die nächste Idee anzustoßen.

Ist die erste Idee erst einmal umgesetzt, geht es mit der zweiten bereits schneller. Wenn die Umsetzung erst einmal zur Routine geworden ist, hat man das meiste bereits erreicht. Noch mehr Geschwindigkeit gewinnt man durch die einfache Frage, wie man den

Ablauf noch schneller machen kann. Die Antwort geben Ihnen der Detektiv, Kundschafter, Forscher und Entdecker Ihres Unternehmens, die die Umsetzungsmechanismen zu verstehen gelernt haben.

Gedanken sind wie Kinder. Sie müssen groß werden und laufen lernen.

Gedanken sind wie Kinder. Sie müssen groß werden und laufen lernen.

VEREHRTER MENTOR

In einer sich ständig verändernden Umwelt können wir es uns nicht leisten, unsere alten Verhaltensmuster beizubehalten. Eine Verhaltensänderung ist aber nichts anderes als das Ergebnis eines erfolgreichen Lernens. Damit gewinnt das Lernen eine zentrale Stellung in der unternehmerischen Erfolgstrategie.

Helmut Clemm, Mitglied des Vorstandes von Siemens Schweiz und dort verantwortlich für Produktion und Entwicklung, ist das nicht genug. Er geht noch einen Schritt weiter und stellt die Forderung auf, dass wir lernen müssen, voneinander zu lernen und Lernketten zu schließen.

Leider lernen viele Menschen nicht gern oder reden es sich zumindest ein. Wenn man in der Schule lernen musste, anstatt lernen zu dürfen und wenn einige der vorn stehenden Lehrer unfreundliche Zeitgenossen waren, dann dürfen wir uns nicht wundern, dass Lernen mit unangenehmen Gefühlen verbunden ist. Der Zwang zu müssen und ein unangenehmer Vorsteher, den wir immer dann sehen, wenn wir den Kopf heben, sind gleich zwei schwere Hypotheken für das Konzept des lebenslangen Lernens.

Die Lösung aus diesem Dilemma ist simpel. Wir werden einfach unser eigener Lehrer. Das hat gleich mehrere Vorteile. Wir haben selbst die Initiative in die Hand genommen und sind damit Täter und keine Opfer mehr. Außerdem ist der neue Lehrer ein äußerst sympathischer Bursche. Das verrät uns bereits ein schneller Blick in den Spiegel.

Wo finden wir einen Super-Lehrer? Wir schauen in den Spiegel!

Spiegeln ist auch genau das, was wir mit unserem Logbuch tun werden. Wir nutzen den Tagebuchaspekt des Logbuchs nicht als seelischen Müllhaufen oder als Chronik, sondern stattdessen als einen Spiegel unser selbst, in den wir nicht aus Eitelkeit, sondern mit dem kühlen

Blick des sachlichen Beobachters schauen. Wer selber besser, effizienter, schneller, tüchtiger oder erfolgreicher sein will, muss das, was er tut ständig verbessern. Dafür braucht er zwei Informationen. Er muss wissen, was er tut, und er muss wissen, wie er das tut, was er tut.

Fragen wie:

1. Wie gehe ich an eine neue Aufgabe heran?
2. Wie treffe ich Entscheidungen?
3. Wie führe ich meine Mitarbeiter?
4. Warum arbeite ich eigentlich?

eignen sich hervorragend für einen Einstieg. Ich habe in vielen Gesprächen und Seminaren die Erfahrung gemacht, dass die entsprechenden Antworten deshalb so schwer fallen, weil sie in einem Bereich der Selbstverständlichkeiten liegen. Führen Sie Ihre Mitarbeiter oder laufen Sie ihnen hinterher?

Und wenn Sie schon führen, wie machen Sie das eigentlich?

Um erfolgreich zu sein, muss man die Antworten auf diese Fragen nicht unbedingt kennen. Wer aber mit dem

Führen Sie Ihre Mitarbeiter oder laufen Sie ihnen hinterher?
Und wenn Sie schon führen, wie machen Sie das eigentlich?

Erfolg nicht zufrieden ist und seine Menschenführung verbessern will, muss zunächst einmal seine eigenen Fähigkeiten und Fertigkeiten richtig einschätzen und anschließend die eigenen Lern- und Trainingsfortschritte richtig beurteilen können.

Wem das Alte nicht bewusst ist, der kann das Neue nicht beurteilen.

Wem das Alte nicht bewusst ist, der kann das Neue nicht beurteilen.

Annegret war eine lokal erfolgreiche Dressurreiterin in der schweren Klasse. Sie war außerdem eine erfolgreiche Trainerin, deren junge Schüler sich auch für die deutschen Meisterschaften qualifizierten. Gleichzeitig war sie selbst Reitschülerin, denn auch auf hohem Leistungsniveau braucht man ständig eine Korrektur. Die beiden Rollen von Trainer und Schüler waren sorgfältig voneinander getrennt.

Zu einer plötzlichen Leistungssteigerung kam es, als Annegret begann, sich selbst zu unterrichten, anstatt vor sich hin zu trainieren. Obwohl ihr Lehrstil exakt zu ihrem eigenen Lernstil passte, musste sie sich zunächst einmal mit sich selbst auseinandersetzen und herausfinden, wie sie eigentlich ritt.

Ihre Trainingseinheiten wurden weniger schematisch sondern enthielten ein Konzept. Die Achtsamkeit wechselte von der richtigen Zügelführung zur gezielten Wahrnehmung auf Verspannungen im Schulter- oder Kreuzbereich, und das Ziel war nicht mehr ein guter Ritt, sondern die maximale Harmonie zwischen zwei Individuen.

Annegret hat von Annegret viel gelernt.

Für einen Schriftsteller gehört die Auseinandersetzung mit dem eigenen Ich zur täglichen Aufgabe, weil es in der Literatur immer um Gefühle geht und Gefühle erarbeitet, erkannt und erlebt werden müssen. Beobachtungen an Menschen und Beobachtungen an sich selbst ist das Rohmaterial eines Schriftstellers. Kein Wunder, dass hier die Begleiterfunktion des Logbuches eine so wichtige Rolle spielt.

Dass Wissenschaftler das Logbuch auch noch zu anderen Zwecken als dem Erkenntnisprozess einsetzen, geschieht weniger häufig. Es muss aber zu denken geben, dass die ganzen Großen wie Einstein, der uns eine neue Form der Relativität bescherte, oder Watson und Crick, die sich mit der Informations-codierung und Architektur unseres Erbgutes auseinander setzten, hinterher in der Lage waren, in Büchern ihren Forschungsweg und ihre Gedanken zu beschreiben. Sie müssen außer den reinen wissenschaftlichen Fakten auch noch etwas anderes festgehalten haben.

Man könnte einwenden, dass Schriftsteller und Wissenschaftler Gruppen sind, die von Berufswegen viel schreiben und dass das mit der Wirtschaft oder gar mit Innovationen wenig zu tun hat. Doch das ist ein Irrtum, wie nicht nur Edison klar belegt. Im Übrigen führen die Wissenschaftler, die als Wissen-schaftsmanager oder Funktionäre unterwegs sind, in der Regel kein Logbuch, wohl aber viele Forscher und Lehrer. Der Unterschied liegt nicht im Beruf, sondern einfach in dem grundlegenden Ziel, ob ich etwas Neues schaffen oder nur etwas Altes besser positionieren will.

Was will ich? Neue Träume bauen oder nur ein altes Schaufenster umdekorieren?

Beim „Gewusst wie" ist es auch nicht anders. Jeder strategische Denker – und jeder Firmenchef ist für die Strategie seines Unter-

63

nehmens verantwortlich – kennt das Problem der Eigendynamik. Man kann alles noch so sorgfältig planen, nach einiger Zeit entwickeln sich die Dinge völlig anders, als man es erwartet hat. Um das zu verstehen und entsprechend zu korrigieren, muss die Planung ständig durch unabhängige Beobachtungen und Gedanken begleitet werden.

Auch jedem einzelnen selbst kann es geschehen, dass er etwas ganz anderes macht, als er ursprünglich wollte und sich wundert, wo er plötzlich steht. Wenn trotz guter Planung alles aus dem Ruder läuft, dann ist die Wahrscheinlichkeit groß, dass man seine eigenen langfristigen Ziele aus den Augen verloren hat. Wer aber ständig an seinen Zielen oder Gedanken arbeitet, kann sie nicht aus den Augen verlieren. So mag sich der Weg mit neu auftretenden Hindernissen und Möglichkeiten ändern, die Richtung bleibt aber immer die gleiche.

Wer ständig an seinen Zielen arbeitet kann sie nie aus den Augen verlieren.

Im Übrigen gibt es keinen einfacheren Weg, mit diesen Schwierigkeiten fertig zu werden, als darüber zu schreiben. Nach der Reduktion eines Problems auf die Tatsachen, nach der Versachlichung und der Entfernung von Ängsten, Befürchtungen und Hoffnungen fällt einem oft auf, dass es gar nicht viel zu schreiben gibt. Damit fällt das Problem von selbst in sich zusammen. Anschließend kann man daran gehen und sich um sich selbst kümmern, denn die unangenehmen Gefühle, die am Anfang standen, waren schließlich real.

ENDE DER EINSATZBESPRECHUNG

Für die Füllung des Logbuches mit Gedanken gibt es nur drei Leitlinien.

---

1. Wir schreiben alles hinein, was uns durch den Kopf geht.
2. Wir schreiben alles nur noch in das Logbuch.
3. Wir lassen außer dem Logbuch keine weiteren Konkurrenzschreibereien zu.

Bis man so viel Vertrauen zu seinem Logbuch hat, dass man wirklich alles nur noch dort und nichts mehr woanders hinschreibt, vergeht einige Zeit. Es ist deshalb besser am Anfang zunächst punktuell zu beginnen und dann den Einsatzbereich langsam zu erweitern. Warum am Ende aber nur noch das Logbuch stehen soll, hat seine Gründe.

DAS DENKEN IN KONZEPTIONEN

Gedanken beginnen meistens situationsbezogen und scheinen dadurch etwas isoliert herumzustehen. Das stimmt aber nicht. In Wirklichkeit sind sie in unserer Weltanschauung oder unserem Selbstverständnis tief verwurzelt und fast immer Teile einer großen Gesamtkonzeption. Nur können wir das zunächst nicht erkennen. Durch die Beschäftigung mit allen unseren Gedanken und nicht nur einem Teil davon, beginnen wir, die Synergien zu nutzen und dadurch diese Gesamtkonzeption kennen zu lernen und weiterzuentwickeln. Das ist der erste Schritt zu einem konzeptionellen Denken, über das alle Führungskräfte verfügen müssen.

Führungskräfte müssen konzeptionell denken

LEITLINIEN JA, REGELN NEIN

Lasse ich neben dem Logbuch noch andere Schreibmedien zu, dann muss ich mich bereits zum Zeitpunkt des Schreibens, womöglich bereits bei der Entstehung eines Gedankens entscheiden, was ich wohin schreibe.

Für diese Entscheidungen brauche ich überdies Regeln, die ich befolgen muss. Das hat gleich mehrere Nachteile.

Das sich Entscheiden und das Denken neuer Gedanken sind zwei um unsere Gehirnkapazitäten konkurrierende „Entweder-oder-Prozesse". Sie behindern sich gegenseitig. Außerdem lege ich mit jeder getroffenen Entscheidung für unterschiedliche Schreibmedien die Andockpunkte der Folgegedanken fest, die erstens noch nicht formuliert wurden und deshalb auch noch keine scharfen Konturen haben, die ich zweitens noch nicht richtig verstehe, weil ich sie nicht befragt habe und deren Potential ich drittens noch nicht kenne, weil ich das noch nicht erkundet habe.

Statt mit einem neuen Gedanken eine Situation völlig anders zu bewerten, bewerte ich meinen neuen noch nicht einmal erwachsenen Gedanken. Und das ausgerechnet mit meinem alten Denken, das aus der Zeit vor dem neuen Gedanken stammt. Das stellt jeden Sinn neuer Gedanken auf den Kopf.

Gedanken brauchen Leitlinien und Anhaltspunkte, aber keine festen Regeln.

> Ein neuer Gedanke muss:
> - erst gedacht werden,
> - dann wachsen und eine Gestalt finden und
> - als letztes seine Verbindungen zu anderen Gedanken suchen.

Wenn ich diese Abfolge bereits nach dem ersten Schritt unterbreche, gieße ich das Alte in Beton und wehre das Neue ab. Das ist dann aber auch mein einziger Erfolg.

DAS SPEZIALGEBIET

Da der Einstieg in die Logbuchtechnik meist ganz pragmatisch erfolgt und wir das Logbuch für eine spezielle Aufgabe einsetzen, wird alles, was außerhalb der ursprünglichen Zielrichtung liegt, als nicht logbuchrelevant betrachtet. Dadurch geraten zwangsläufig einige Bereiche an den Rand der Aufmerksamkeit.

Hat sich das Logbuch erst einmal bewährt, wird der Einsatzbereich von dem lokalen Ziel schnell auf alles erweitert, was man generell im Leben erreichen will. Viel später kann es dann geschehen, dass das Logbuchschreiben Ausdruck einer grundsätzlichen Lebenseinstellung wird.

Was sich der Logbucharbeit überraschenderweise sehr lange entzieht, sind die Gedanken, die im Bereich der eigenen Kernkompetenzen liegen. Das sind die Gebiete, auf denen wir uns so sicher und stark fühlen, dass wir auf die zusätzliche Hilfe eines Logbuchs verzichten zu können glauben.

Dabei ist es genau umgekehrt. Dort wo wir stark sind, brauchen wir das Logbuch am nötigsten. Dort stehen wir in der härtesten Konkurrenz und haben bereits alle Techniken, über die wir verfügen, ausgeschöpft. Gerade hier gibt uns das Logbuch die entscheidenden Prozentpunkte, die wir brauchen, um aus den Platzierungen aufs Treppchen zu gelangen.

Setze das Logbuch ein, wo Du schwach bist, um ein neues Feld zu erobern. Setze das Logbuch ein, wo Du stark bist, um noch stärker zu werden.

DAS GEHEIMNIS

Das Logbuch ist ganz privat und streng geheim. Selbst wer der Meinung ist, dass jeder in sein Logbuch hineinsehen kann, sollte dieser Versuchung nie nachgeben und nur Kopien oder überarbeitete Teile herausgeben.

Was nach Anstellerei aussieht hat einen ganz praktischen Hintergrund. Die Vorstellung, dass wir eventuell auch für jemand anderen als nur für uns selbst schreiben könnten, ist ein unglaublicher Zensor unserer Gedanken und Formulierungen. Wir können uns erst dann sicher fühlen, wenn wir der Welt deutlich verboten haben, im Logbuch herumzulesen, und sicherstellen konnten, dass niemand darin herumschnüffelt. Der Masterfile wird auf Disketten, als geheime Verschlusssache hinter Passwörtern oder in einem Buch mit sieben Schlössern aufbewahrt.

Es gibt im Übrigen einen effektiven Schnelltest.

Big brother is watching you

Wer wenig Hemmungen hat irgendwo laut loszuschimpfen, aber das nicht in seinem Logbuch tun möchte, der fühlt sich noch nicht sicher und trägt den großen Bruder auf der Schulter.

Peter Senge fordert in seinem Fieldbook zur fünften Disziplin, dass Werkzeuge auf einer Theorie basieren sollen. Die Theorie des Logbuchs besteht einmal in der Philosophie, dass erfolgreiche Werkzeuge auf natürlichen menschlichen Verhaltensweisen beruhen. Daneben gibt es für die vier Einsatzgebiete überdies noch vier weitere Axiome oder Grundannahmen.

1. „Wer seine Umgebung kennt, verirrt sich nicht!", wissen Detektiv, Kundschafter, Forscher und Entdecker.

2. „Wer viele Ideen und Gedanken hat, kann aus einem größeren Repertoire auswählen, wenn es darum geht etwas Neues zu schaffen!", behauptet der Besitzer der Ideenmanufaktur.

3. „Wer an und mit seinen Ideen arbeitet, gibt ihnen kritische Masse und Beschleunigung!", erklärt mir der Vorsitzende des gedankenverarbeitenden Gewerbes.

4. „Nur wer lernt kann in einer sich verändernden Umwelt überleben!". Dem würde nicht nur Charles Darwin zustimmen.

Das Logbuch ist ein Metatool, das beim ICH ansetzt und das persönliche Potential explodieren lässt. Wenn es irgendetwas gibt, das wir, aus welchen Gründen auch immer, bei uns selbst verbessern wollen, dann ist die Logbuchtechnik ein extrem effizienter Ansatz.

Da ein dauernder Bedarf an klugen oder neuen Gedanken besteht, ist das Logbuch ein Routinewerkzeug für den Dauereinsatz und nicht für den Notfall. Die Anforderungen an unsere beiden knappsten Ressourcen, Zeit und Aufmerksamkeit, sind zwar gering aber ständig.

Als neues Werkzeug hat das Logbuch nur dann eine Chance, wenn wir nach einer kurzen Experimentierphase direkt erleben, dass es uns hilft, unsere augenblicklichen Ziele zu erreichen. Anderenfalls wenden wir unsere Aufmerksamkeit naturgemäß schnell wieder anderen Dingen zu. Das erste Einsatzfeld des Logbuchs sollte daher eine gedankliche Auseinandersetzung mit den eigenen Wünschen, Zielen und Absichten sein.

Ein Werkzeug, das uns helfen soll, unsere Ziele zu erreichen, ist machtlos, wenn wir keine Ziele haben oder unsere Ziele nicht kennen.

Ein Werkzeug, das uns helfen soll, unsere Ziele zu erreichen, ist machtlos, wenn wir keine Ziele haben oder unsere Ziele nicht kennen.

Noch einmal zur Erinnerung:

Das Logbuch ist das Werkzeug des absoluten Profis. Der Amateur nutzt lediglich die Vorläufer.

p.s. Andockpunkte an Nachbarthemen sind:
- Methoden zur Stärkung der personal power
- Lernkultur
- Innovativität
- Brücke zwischen Denken und Machen

DAS GEDANKENDENKEN

Das Denken von Gedanken ist nichts anderes als das Führen eines inneren Dialoges. Wenn wir diesen Dialog intensivieren, wird aus tröpfchen-förmigen Einzelgedanken ein kontinuierlich fließender Gedanken-strom, aus dem wir je nach Bedarf einzelne Ideen entnehmen können. Unser Logbuch kann alle Gedanken enthalten, die sich denken lassen. Es stellt keine Bedingungen. Schließ-lich können wir mit uns selbst auch über alles reden.

Ich habe eine kleine Auswahl an Wegen zusammengestellt, die ich alle selbst gegangen bin und von denen ich weiß, dass sie uns an geistige Orte führen, an denen wir vorher noch nie waren und zu denen andere Menschen auch nicht so leicht hinkommen können. Selbst-verständlich sind diese Wege nicht vollständig und selbstverständlich können wir auch andere Ansätze, Methoden, Techniken, Tricks und Tipps nutzen, die wir kennen. Sogar solche, die wir noch nicht kennen und erst noch erfinden wollen. Ich weiß, dass ehemalige Seminar-teilnehmer auf Wegen sehr erfolg-reich sind, die ich heute nur noch sporadisch nutze.

DER AUFTRAG ODER SICH AUF EINE MISSION SCHICKEN

Grundidee dieses Ansatzes ist es, das ökonomische Prinzip zu beachten und mit minimalem Aufwand möglichst viel zu erreichen. Er ist daher vor allem für den Pragmatiker und für Leute geeignet, die an einer chronischen Zeitknappheit leiden.

Von einer Führungskraft wird erwartet, dass sie die ihnen anvertrauten Mitarbeiter oder ihre Abteilung in eine Erfolg versprechende Zukunft führt, dass sie aber gleichzeitig den gesamten laufenden Betrieb aufrechterhält. Genau so gut kann man einem Gewichtheber beim Wettkampf zurufen: „Klatsch mal in die Hände."

Klatsch mal in die Hände, wenn die Hände voll sind

Der Vorteil beim Nachdenken ist es, dass man seine Hände dazu nicht braucht oder anders ausgedrückt: Selbst das Tagesgeschäft enthält noch enorme Produktionsressourcen, wenn man weiß, wo sie stecken.

Der kleine Trick zur Steigerung der eigenen Effizienz bei minimalem Aufwand ist es, sich erstens außer um das Tagesgeschäft selbst auch um die Bedingungen zu kümmern, die für das Tagesgeschäft verantwortlich sind, und zweitens dieses Kümmern in Form von Projekten zu tun.

Die Formulierung eines solchen Projektes hat gleich mehrere Vorteile. Zunächst einmal wechselt die Aufmerksamkeit vom Tagesgeschäft zu etwas längerfristigen Perspektiven und verschiebt damit die Prioritäten der verschiedenen zeitlichen Maßstäbe. Wer immer nur auf den ersten Meter des Weges vor den eigenen Fußspitzen blickt, läuft Zeit seines Lebens mit gesenktem Kopf einher.

Der zweite Vorteil ist, dass wir unser neues Werkzeug in einem Bereich anwenden, der mit unserer täglichen Arbeit zu tun hat und der durch die Formulierung des selbsterteilten Auftrages einen deutlichen Anfang und ein deutliches Ende hat. Wir verlassen damit die Tretmühle, die uns keinen Schritt weiter nach vorn bringt, und fangen an Sprint-, Mittel- oder Langstrecke zu laufen. Beim Zerreißen des Zielbandes wird der Erfolg überprüft. Eine Lern- und Trainingsphase gibt es erst gar nicht. Wir laufen gleich los.
Verlassen Sie also die Tretmühle und begeben Sie sich an den Start des 400-Meter Laufes.

Wer immer nur auf den ersten Meter des Weges vor den eigenen Fußspitzen blickt, läuft Zeit seines Lebens mit gesenktem Kopf einher.

Verlassen Sie die Tretmühle und begeben Sie sich an den Start des 400-Meter Laufes.

Außerdem löst eine erfolgreich erledigte Aufgabe Probleme dadurch, dass sie etwas Altes und Schlechtes durch etwas Neues und Besseres ersetzt, wohingegen gängige Problemlösungen nur das Alte weg schaffen.

Für Peter, einen erfolgreichen Marketingleiter, war klar, dass nur die Performance zählte. Dass die Geschäftsführung seine Vorschläge nicht immer teilte, seine Mitarbeiter nicht voll mitzogen und dass die Kollegen aus der Produktion ihm überhaupt nicht zuhörten, tat er als ein unabänderliches „Das gehört dazu" ab und versuchte es durch Mehrarbeit zu kompensieren.

Nachdem Peter von dem Logbuchansatz gehört hatte, erteilte er sich den Auftrag, die Bedeutung von Zielen für seine tägliche Arbeit herauszufinden.

Er stellte schnell fest, dass innerhalb der Unternehmensleitung Konsens über die hohe Bedeutung der Performance bestand, dass aber die Meinungen über die Priorität von Umsatz, Gewinn oder Marktanteilen ständig wechselten.

Durch eine Auflistung seiner

eigenen Wünsche und einem ständigen Nachfragen „Warum will ich das und was verspreche ich mir davon?" musste er sich eingestehen, dass für ihn persönlich die Performance eigentlich gleichgültig war. Stattdessen machte es ihm einfach Spaß, sich und den anderen zu zeigen, was er alles drauf hatte und wie man einen Job gut erledigt. Peter achtete vermehrt darauf, in welchen Situationen er zufrieden war und in welchen nicht. Die gesammelten Beobachtungen stimmten mit seiner neuen Selbsteinschätzung überein.

Durch die bewusste Wahrnehmung der eigenen Ziele sensibilisiert fand er auch einen Zugang zu den Wünschen und Bedürfnissen seiner Mitarbeiter und Kollegen. Er war noch weit davon entfernt, mit seiner Arbeitsgruppe so etwas wie gemeinsame Ziele zu erarbeiten, aber er konnte nun verstehen, warum es ihm häufig schwer gefallen war, für eine gute Idee ausreichend Unterstützung zu bekommen.

Der Brückenschlag zur Produktion ergab sich bei einem Mittagessen und der belanglosen Frage, ob man sich in diesem Unternehmen eigentlich wohl fühlen könne. Es war ganz klar. Produktion und Marketing verfolgten völlig unterschiedliche Ziele im selben Unternehmen.

Peter hatte eigentlich nicht viel anderes getan, als Beobachtungen zu seiner selbstgestellten Aufgabe zu sammeln und sich selbst einige Fragen zu stellen. Gekostet hatte das ganze ein paar Augenblicke der Nachdenklichkeit verteilt auf einige Wochen. Als Ergebnis seiner Auseinandersetzung mit den Zielen konnte er in seinem Arbeitsumfeld

- die persönliche Effektivität erhöhen, weil er die eigenen Tätigkeiten nun auf die für ihn wichtigen Dinge fokussierte.
- die Reibungsverluste in der eigenen Abteilung verringern, weil er die Wünsche und Vorlieben seiner Mitarbeiter in seine Überlegungen mit einbezog.
- einen Denkprozess auf der Vorstandsebene einleiten, weil er bei seinen Vorschlägen die Auswirkungen auf Umsatz, Gewinn und Marktanteile getrennt aufführte und so die Führungsetage dazu brachte, sich mit der Beziehung

> zwischen diesen drei Zielen auseinanderzusetzen.
> - einen Dialog mit der Produktion beginnen, die über den Wunsch nach einem gemeinsamen Erfolg die Polarität zwischen den beiden Abteilungen abbaute.

So ganz nebenbei steigerte Peter auch seine Sinnkompetenz, eine wichtige Fähigkeit, nach der immer mehr verlangt wird, worunter sich aber kaum jemand wirklich etwas vorstellen kann.

Peter schreibt auch heute noch Logbuch.

Welche Projekte wir angehen, bleibt uns selbst überlassen. Wir können unsere Führungsqualitäten gezielt verbessern, weil wir uns das schon lange vorgenommen haben, eine neue Marketingoffensive starten, weil das als unerledigter Vorgang sowieso auf unserem Schreibtisch liegt, oder eine Verbesserung der Abteilungsperformance angehen, weil das ein nie endender Dauerauftrag ist.

Der Umgang mit den eigenen, persönlichen Zielen sollte aber

In einen Zug zu steigen, bevor man weiß wohin man will, ist eine besonders riskante Variante des Glücksspiels.

immer eines der ersten Projekte sein, denn wer nicht weiß, wohin er will, kann auch nicht wissen, wo er steht. Und wer nicht weiß, was es zu tun gibt, kann auch nicht wissen, was er alles dazu braucht.

Wir können durchaus voller Selbstvertrauen mit mindestens fünf solcher Projekte gleichzeitig starten. Das klingt zwar gewaltig, aber in Wirklichkeit machen wir uns dadurch nicht mehr Arbeit, sondern verändern nur unsere Art und Weise mit unserer täglichen Arbeit umzugehen.

Aus eigener Erfahrung möchte ich empfehlen, mit solchen Projekten zu beginnen, die uns ganz besonders interessieren oder die wir einfach spannend oder faszinierend finden. Meiden sollten wir zunächst möglichst die Themen, von denen wir besonders viel verstehen und wo wir glauben Experten zu sein. Diese Themen sind entgegen der gängigen Volksmeinung viel zu schwierig, weil wir auf dem neuen Weg zu viel altes Gedankengepäck mit uns herumschleppen müssen.

Wer auf neuen Wegen fahren will, tut das nicht im Möbelwagen.

Die äußere Form unseres Projektes ist belanglos. Es kann ein Vortrag, ein Manual, ein Buch, ein interner

Weiterbildungskurs, eine Erfindung, eine kurze Checkliste oder gleich die Einführung einer neuen Innovationskultur, Fehlerkultur oder Kommunikationskultur sein. Wichtig ist nur, dass am Ende ein abgeschlossenes Produkt steht, das uns bei der Erfüllung unserer Ziele hilft. Am Ende müssen wir sagen können. Jetzt steht das Ding.

Wir lernen bei diesem Vorgehen drei Dinge:
1. uns in neue Themen einzudenken (Orientierung)
2. viele eigene originäre Gedanken zu finden (Schöpfung)
3. einen eigenen Referenzrahmen aufzubauen, in den die neuen Ideen eingehängt werden. (neue Ordnung)

DAS HEFT IN DIE HAND NEHMEN

Der Weg, eine Mission zu erfüllen oder eine Aufgabe zu lösen, ist wie fast immer beim Einsatz von Metatools unkompliziert. Wir beginnen damit, dass wir uns unser Endprodukt vorstellen. Das hilft, unseren Gedanken eine Richtung vorzugeben. Wer auf Bärenjagd geht, sollte vorher wissen, wie ein Bär aussieht, sonst erschießt er eine Kuh.

Wer Bären schießen will, muss wissen, wie ein Bär aussieht.

Zum Einstieg genügt es deshalb, sich zu fragen wie denn ein innovatives Unternehmen (Lernkultur, Marketingoffensive) aussehen soll und was alles dazu gehört. Fortgeschrittene gehen an diesen wichtigen Schritt mit einem anderen Metatool heran, dem Mindzapping®, dessen Ergebnisse aber ebenfalls im Logbuch zusammengetragen werden. Es wird alles gesammelt, was uns hilft, das Bild unseres Endproduktes zu füllen.

Wenn wir mit dem Bild des Endproduktes vor Augen beginnen, unsere Ideen und Gedanken zu sammeln, verlassen wir bereits unauffällig altbekannte Trampelpfade. Der wesentliche Unterschied zur Alltäglichkeit ist, dass wir mit dem Sammeln das Heft selbst in die Hand nehmen und die richtige Reihenfolge des Denkens einhalten, indem wir erst den Bären erlegen und dann sein Fell verteilen. Es zahlt sich aus, zunächst einmal für eine kritische Masse an Gedanken zu sorgen, anstatt sich um die Organisation noch nicht vorhandener Gedanken zu kümmern.

Man soll das Fell des Bären nicht verteilen, bevor man ihn erlegt hat.
(alte Volksweisheit, die vielerorts in Vergessenheit geraten ist.)

„Das Heft in der Hand halten" heißt beispielsweise, dass wir nicht auf ein Weiterbildungsseminar geschickt werden, weil das Unternehmen das für sinnvoll erachtet und das das Unternehmen für uns auswählt, sondern, dass wir uns allein deshalb um unsere eigene Weiterbildung kümmern, weil das die selbstgestellte Aufgabe erfordert. Damit wird es zu unserer eigenen Angelegenheit, welche Form der Weiterbildung wir wählen. Wir haben die Freiheit der Wahl und vor allem auch die dazu nötige Entscheidungsbefugnis. Dazu braucht man keine größere Anstrengung als lediglich einen Schalter in seinem Gehirn umzulegen.

Es ist nicht der ein Entscheidungsträger, der dazu ernannt wird, sondern der, der sich um seine Sachen selber kümmert.

Klick!

Unsere vier Schritte sind:
– Aufgabe formulieren
– Endzustand vorstellen
– Gedanken sammeln
– Gedanken sortieren

Ein völlig falscher und deshalb durchzustreichender Ablauf ist:

– Problem formulieren,
– Lösungsansatz auf der Basis vorhandener Gedanken und Er-

85

> ~~fahrungen entwerfen,~~
> - ~~Lösungsansatz modifizieren,~~
> - ~~Gedanken, Erklärungen und Erwartungen nachschieben.~~

**„Wir können unsere Probleme nicht mit dem Denkansatz lösen aus dem sie entstanden sind."
(Einstein)**

Einstein hat die Schwäche dieses Vorgehens auf den Punkt gebracht, indem er feststellte: „Wir können unsere Probleme nicht mit dem Denkansatz lösen, aus dem sie entstanden sind."

Noch schlimmer ist eine andere ebenfalls wohlbekannte Praxis, die wir deshalb gleich doppelt durchstreichen. Ein Team überlegt gemeinsam, ob es dies machen oder das tun könnte und kommt so zu einer Sammlung von Lösungswegen für ein noch nicht formuliertes Ziel. Anschließend findet eine Bewertung dieser Wege nach undefinierten Kriterien aus dem Bauch heraus statt. Danach wird eine Entscheidung für den Weg getroffen, der die beste Bauchbewertung bekommen hat.

In Kurzform:
> - ~~alle möglichen Lösungswege sammeln~~
> - ~~alle Lösungswege bewerten~~
> - ~~einen Lösungsweg auswählen~~

> (emotionale oder politische Ent-
> scheidung)
> – Problem nachschieben und an
> den Lösungsweg anpassen

Durch eine einfache Verschiebung der Aufmerksamkeit ist es uns bereits gelungen, zwei entscheidende Fallgruben zu umgehen, in die viele hineinfallen, ohne es zu merken.

Wer in große Gruben fällt merkt es nicht.

DIE BEDEUTUNG DER ZEIT

Unter Stress oder Zeitdruck orientieren sich Gruppen gern an der kollektiven Erfahrung. Je stärker der Stress, desto häufiger werden die Gedanken und Erfahrungen abgerufen, die durch häufige Anwendung am tiefsten eingraviert sind. Das ist vor allem in Kampfsituationen sinnvoll, wo es darum geht, die nächste Minute zu überleben. Der Rückgriff auf ein erprobtes Basisrepertoire hilft, unnötige Überlegungen zu vermeiden und so die Sekundenbruchteile Vorsprung zu gewinnen, die man für den entscheidenden Hieb mit der Keule oder den Fangschuss braucht.

Hier ist jede Situationsanalyse völlig überflüssig und verschwendet nur kostbare Zeit. Wirkt etwas bedrohlich oder gefährlich, läuft man entweder schnell weg oder schlägt kräftig zu, je nachdem, ob man lange Beine oder dicke Arme hat. Der Kopf wird dazu nicht benötigt.

So verständlich ein solches Verhalten ist, so wenig hat es mit den Anforderungen an eine Führungskraft zu tun. Krisensituationen in Unternehmen erfordern entgegen der allgemeinen Auffassung kein rasches und entschlossenes Handeln, sondern ein gründliches und gezieltes Nachdenken. Wenn wir etwas mehr Zeit als nur ein paar Sekundenbruchteile haben – und die Zeit haben wir immer – können wir diese Zeit nutzen, um auch die anderen Alternativen als Weglaufen oder Draufhauen zu überprüfen.

Der Schalter in Nullstellung sendet den Satz:
„Wir hatten keine andere Wahl!
(als draufzuhauen oder wegzulaufen)"

Die erste und einzige Maßnahme,

Nach Umlegen des Gehirnschalters ertönt es:
„Wahlmöglichkeiten hat man nicht, die schafft man sich."

Die erste und einzige Maßnahme, die in Krisenzeiten rasch und entschlossen durchgeführt werden muss ist, sich dem Zeitdruck zu entziehen.

Das Verhalten, mit dem man originäre Gedanken und damit neue Wahlmöglichkeiten schafft, ist das exakte Gegenteil der Sofortreaktion. Für neue Lösungen und für Innovationen werden Gedanken benötigt, über die deshalb selten direkt verfügt werden kann, weil sie flüchtiger Art sind, weil sie neu sind oder weil sie vielleicht nur angedacht wurden.

Die Einteilung in alte, bekannte Strategien, Erfahrungen und Gedanken und in neue flüchtige Gedanken hat nichts mit einer Einteilung in brauchbare und unbrauchbare Gedanken zu tun, sondern nur mit der Aufgabe, vor der man steht. Alte Gedanken sind:

- „Halte die Hand vor den Mund, wenn Du gähnst." (Familienzitat)
- „Alles, was man für den Erfolg braucht, sind die Kenntnis von ein paar Namen und ein paar Tritte in die richtigen Ärsche (Filmzitat)."

die in Krisenzeiten rasch durchgeführt werden muss ist, sich dem Zeitdruck zu entziehen.

> – „Für eine erfolgreiche Marketing-
> strategie suche ich mir als erstes
> unsere Zielgruppe heraus."
> (Vorlesungszitat)

Neue Gedanken sind:

> – „Wo liegen die Unterschiede und
> wo die Gemeinsamkeiten."
> – „Es ist besser, dass ich frage, als
> dass ich behaupte."
> – „Um besser zu denken, brauche
> ich kein Lecithin, sondern ein
> Logbuch."

Wenn wir unserem neuen Denken keine Chance geben, warum sollten es dann die anderen tun.

Das vielleicht Überraschendste ist, dass wir neue Gedanken ständig denken. Der Haken ist nur, dass wir in den entscheidenden Situationen, in den Situationen, in denen es nach unserer Meinung darauf ankommt, immer wieder das alte Denken aktivieren. Geben wir doch unseren neuen Gedanken erst einmal eine Chance.

DEIN FEIND DAS BUCH

Eine Mission mit weitreichenden Folgen für das Unternehmen ist es, eine Lernkultur einzurichten. Da das ein ziemlich ehrgeiziges Unterfangen ist, wissen wir am Anfang weder so genau, was das eigentlich ist, noch wie man sie im Unternehmen etabliert. Das ist eine typische Ausgangssituation, die für viele Missionen zutrifft.

Wir beginnen einfach mit der **Frage**: „Wie mache ich das?" Wir beginnen nicht damit, ein Buch über Lernverhalten oder Didaktik zu **lesen**.

Hier haben wir den dritten entscheidenden Hebel, der genau so unauffällig ist wie der Schalter in unserem Gehirn, den wir mittlerweile von Reaktion auf Aktion umgelegt haben. Auch er ist fast banal, aber voller subtiler Wirkungskraft.

Der größte Feind des Wissenschaftlers ist der Schlagwortkatalog der Bibliothek.

Der größte Feind eines innovativen Menschen sind Gedanken und Erfahrungen von anderen Menschen, die zu früh kommen.

Wenn andere vor unserer Nase Gedankenstraßen asphaltieren und teeren, ist es für uns kaum noch möglich, sich seitwärts in die Büsche zu schlagen. Auf den Rastplätzen der Gedankenautobahnen finden wir nur

Der größte Feind eines innovativen Menschen sind Gedanken und Erfahrungen von anderen Menschen, die zu früh kommen.

Wenn andere vor unserer Nase Gedankenstraßen asphaltieren und teeren, ist es für uns kaum noch möglich,

sich seitwärts in die Büsche zu schlagen.

randvoll mit Abfall gefüllte Container und mit Sicherheit keine vergrabenen Schätze.

QUALITÄTSKONTROLLE UND SELBSTERKENNTNIS

Die Formulierung eines Projektes, die Übernahme eines Auftrages oder der Start in eine Mission ist der Wechsel vom „Das müsste mal" zu „Ich mache jetzt ..."

Wenn wir von welcher Mission auch immer zurückgekehrt sind, dann steht am Ende eine abschließende Bewertung. Was haben wir gewollt, was haben wir gemacht und welches Ergebnis haben wir erzielt?

Der Vorsatz, ein Projekt mit Hilfe des Logbuches zu bearbeiten, ist im Übrigen selbst ein Projekt. Wenn wir feststellen, dass wir mit Logbuch und der Projektkonkretisierung nicht arbeiten wollen, dann sollten wir im eigenen Interesse herausfinden, warum das so ist.

Dabei geht es weniger darum, was wir nicht wollen als eher darum, was wir denn wirklich wollen, was wir vom Leben erwarten und wie wir uns selbst sehen. Sind wir ein Feuerwehrmann, der von Einsatzort zu Einsatzort hetzt, ein brillanter Fechter, der jeden Angriff seines Gegners pariert oder ein Held, der immer wieder andere retten muss? Oder sehen wir uns ganz anders, als Architekt, Erfinder, Komponist, als jemand, der etwas schafft, das zumindest für einige Zeit anderen oder der Nachwelt erhalten bleibt. Die entscheidende Frage ist, sind wir stolz auf unsere tollen Reaktionen oder stolz auf unsere Fähigkeit, etwas Neues zu kreieren.

Der Versuch, Absichten in Projekte zu überführen und diese Projekte anzugehen, stellt uns vor die alternative Entscheidung, ob wir wirklich etwas schaffen wollen, ob wir ein Innovateur sein wollen, oder ob wir ein Krisenmanager oder Reparateur sein wollen. Beide Gruppen haben ihre Meriten und auch ihre unterschiedlichen Werkzeuge.
Also: „Wer bin ich?"
Feuerwehrmann und Held oder Stratege und Schöpfer.

Wer bin ich?
Feuerwehrmann
und Held oder Stra-
tege und Schöpfer

Diese Entscheidung ist etwas ganz gewaltiges, weil sie uns davor bewahrt, uns auf dem falschen Schauplatz zu verschleißen. Wer weiß, auf welcher Position er spielen will, kann anschließend ganz zielbewusst diese Position zu erreichen versuchen. Alles andere bringt unabhängig von den gezeigten Leistungen und Erfolgen nur jahrelange Frustrationen und keine persönliche Erfüllung.

DIE ENTDECKUNGSREISE: SCHATZSUCHE UND LAGERSTÄTTENPROSPEKTION IN ANDEREN WELTEN

Ging es bei der Mission vorwiegend um Pragmatismus, setzt der Ansatz der Entdeckungsreise auf die Kreativität. Ziel ist es, gedanklich dort hinzugehen, wo vorher noch nie jemand war, und in diesen fremden Gedankenwelten zu lernen.

Gleichzeitig bedeutet die Gedankenreise in fremde Landschaften einen ersten Schritt, um die Welt, in der wir leben, zu verstehen. Unsere vertraute Umgebung macht nur den kleinsten Teil davon aus. Viel wichtiger sind die verborgenen Bereiche, deren Einfluss sich auf unsere ganz persönlichen mentalen Modelle und Glaubensbekenntnisse erstreckt und die auch für die geheimen Spielregeln, stillschweigenden Annahmen und das Selbstverständnis im Unternehmen verantwortlich sind. Gegen sie ist kaum anzukommen, weil die Macht dieser Kräfte darin liegt, im Hintergrund zu agieren und sich der normalen Wahrnehmung zu entziehen.

Obwohl auch die Entdeckungsreise einen sehr pragmatischen Aspekt aufweist, ist sie doch der Weg für den Innovateur unter den Führungskräften, der entweder aus den alten Schemata ausbrechen und einen neuen Kontinent in Besitz nehmen oder das Vorhandene gründlich verändern möchte.

Es geht darum, das Besondere im Alltäglichen zu finden und das Alltägliche als übergeordnetes Prinzip in den vielen Facetten der Welt wieder zu erkennen. Es geht um unbekannte Zusammenhänge und vor allem geht es um so genannte Selbstverständlichkeiten und Trivialitäten.

Trivialitäten sind Sachverhalte, über die die Gesellschaft in einer Art von stillschweigendem Konsens beschlossen hat, nicht weiter nachzudenken – in der törichten Annahme, es lohne sich nicht.

Wer Gedankenverbote übertritt, wird mit Sicherheit fündig.

Die wichtigsten Teile unserer Welt halten sich versteckt.

Trivialitäten sind Sachverhalte, über die die Gesellschaft in einer Art von stillschweigendem Konsens beschlossen hat, nicht weiter nachzudenken – in der törichten Annahme, es lohne sich nicht.

Wer Gedankenverbote übertritt, wird mit Sicherheit fündig.

Wenn ein Minister in einem Interview erklärt, einen späteren Wiedereinstieg in Atomkraftwerke halte er für denkbar, dann fällt die Meute der Atomkraftgegner geschlossen über ihn her.

Dabei hat er nichts anderes gesagt, als dass die augenblickliche Entscheidung es immer noch ermöglicht, in Zukunft über etwas bereits Entschiedenes neu nachzudenken.

Wenn Atomkraftgegner und Mitglieder der Regierungspartei daraufhin ein Denkverbot verhängen, zeigen sie, dass sie die Gefahr erkannt haben. Jede Veränderung beginnt mit einem Gedanken, der erst einmal gedacht werden muss.

Von einer Führungskraft erwartet man, dass sie immer in der Lage und auch bereit ist, über etwas nachzudenken. Spätestens wenn sich die Ausgangsbedingungen einer Entscheidung geändert haben, darf nicht nur, sondern muss neu nachgedacht werden.

Einer der entscheidenden Gründe, warum Veränderungen in der Wirtschaft fast immer ruckartig geschehen und dann als Krise bezeichnet werden, sind die vielen

Denkverbote, die erst unter dem Druck einer Krise aufgehoben werden. Auf eine Phase der Stagnation folgt eine plötzliche Veränderung, die dann fast immer schmerzhaft ist. Das erinnert mich sehr an Kalifornien und die St. Andreas Spalte, wo sich entlang zweier Kontinentalplatten durch Nichtbewegen Spannungen im Gestein aufbauen, die sich dann in einem Erdbeben entladen.

Reengineering nennt sich dieses Phänomen in den Unternehmen.

Reengineering sind die Erdbeben der Unternehmen.

Denkverbote knackt man am leichtesten mit einem weiteren Metatool, der Frage. Ich selbst benutze gern zwei ganz unterschiedliche Ansätze.

Es gibt einige wenige Fragen, die über einen enormen Hebel verfügen und diesen Hebel wie ein Katapult einsetzen, um uns über die höchsten Gedankenmauern zu schleudern. Bereits erste Überlegungen zu solchen Fragen können ganze Weltanschauungen zum Wackeln bringen und ermöglichen es uns, das Schwierigste anzugehen, was es überhaupt gibt – das eigene Selbstverständnis zu verändern. Solche Fragen zu finden ist eine Kunst, die mühsam erlernt werden muss. Wer Glück hat stolpert zufällig über diese großen Fragen, muss sie aber immer noch als Katapultfrage erkennen.

Die Alternative ist es, mit einer beliebigen Frage zu beginnen und sich von dieser Frage aus weiter vorzutasten. Damit kann man sofort beginnen, braucht aber eine kurze Trainingsphase, um sich mit der Technik vertraut zu machen.

KATAPULTFRAGEN

Fragen mit extremem Hebeleffekt zu finden ist alles andere als einfach, weil diese Fragen genau dort herumliegen, wo wir sie aus lauter Betriebsblindheit nicht sehen und wo auch alle anderen schon seit Jahrzehnten achtlos vorbeijoggen. Bei einer durch jahrelange Logbucharbeit gesteigerten Sensibilität gelingt es ab und an auf solche Fragen zu stoßen. Das ist jedes Mal ein Triumph, als wenn man auf eine Goldader gestoßen ist. Als Pragmatiker wählen wir eine erlaubte Abkürzung und bedienen uns einfach bei anderen Leuten, die solche Fragen bereits für uns formuliert haben. Wir brauchen deshalb auch kein schlechtes Gewissen zu haben, denn was zählt, sind die Originalität unserer Ideen, unsere Einsichten und Erkenntnisse, aber nicht der Startpunkt. Der kann ruhig geborgt sein.

– Eine Frage, mit der ich ganze Studierendenjahrgänge erschüttern konnte, war die simple Frage:
   „Was habe ich heute gelernt?"

Was habe ich heute gelernt?

Die Aufgabe war einfach. Die Seminarteilnehmer brauchten sich nur jeden Abend hinzusetzen und zu notieren, was sie am Tag alles gelernt hatten.

Das Ergebnis war Frustration pur. Viele starrten nach eigenen Angaben auf das weiße Blatt Papier oder auf den Bildschirm und waren nicht in der Lage, einen einzigen Satz zu schreiben. Sie konnten zwar auflisten, was sie den ganzen Tag geleistet hatten. Sie hatten zum Teil hart gearbeitet. Sie konnten notieren, in welchen Vorlesungen und Seminaren sie gesessen und welche Bücher sie gelesen hatten. Aber trotzdem wussten Sie nichts aufzuschreiben über das, was Sie an dem Tag gelernt hatten. Direkter und auch brutaler kann man kaum mit der Wirklichkeit konfrontiert werden. Diese Erfahrung hat einige

Teilnehmer sehr schnell vom Nutzen des Logbuches überzeugt und zu einer völligen Veränderung des Lernverhaltens geführt.

Eine Frage nach dem Lernerfolg eignet sich nicht unbedingt für alle Abteilungen eines Wirtschaftsunternehmens. Aber sie lässt sich leicht ersetzen durch:
„Welchen neuen Gedanken habe ich heute gedacht?"
oder
„Was habe ich heute getan, um meinem Ziel näher zu kommen?"

– Die wohl bekannteste Frage aus der Gruppe der Fragen mit extremem Hebel ist „Was will ich?" Es ist die Frage nach unseren Wünschen, Absichten und Zielen, die alles andere als einfach zu beantworten ist. Jeder kennt sie, aber dennoch wird sie viel zu selten gestellt und wenn, dann wird sie nur oberflächlich beantwortet. Wenn wir an jede Antwort auf diese Frage so lange eine „Warum-Frage" anschließen, bis wir wirklich nicht mehr weiter wissen, dann bekommen wir so langsam eine Ahnung von der Mächtigkeit von Fragetechniken.

Diese Frage wird vielleicht deshalb völlig unterschätzt, weil das Thema „Umgang mit Zielen und Visionen" in fast jedem Ratgeber für den erfolgreichen Soundso enthalten ist. Es geht aber gar nicht um die Bedeutung des Ziels für Erfolg oder strategische Planung als Thema, sondern es geht um die Frage und den Prozess der Erkundung, der dadurch ausgelöst wird. Die Frage „Was will ich?" leitet kein heiteres Zieleraten ein, sondern eine mehrmonatige Beschäftigung mit dem eigenen Ich.

Die Frage „Was will ich?" ist kein heiteres Zieleraten mit dem Ziel ein Schweinchen mit Fünfmarkstücken zu füllen

– Ähnlich wirkungsvoll für den Einstieg in eine Fehlerkultur kann die Frage sein:
   „Welche Fehler habe ich heute gemacht?",

   mit den beiden Verzweigungen:
   „Keine?
   Warum nicht?"

und

   „Einige oder viele?
   Was habe ich aus ihnen gelernt?
   Welche Fehler will ich morgen machen?"

Die beste Möglichkeit, wenig Fehler zu begehen ist, nichts zu tun. Dann

Fehler sind Verbündete und keine Gegner

macht man wenigstens nur einen einzigen Fehler. Fehler sind Verbündete und keine Gegner. Wer das verstanden hat, kann sich seine eigene Fehlerkultur aufbauen. Fehler sind normale Schritte im Lernprozess, mit denen wir arbeiten können. Lernen ohne Fehler machen zu dürfen, ist ein langsamer und ineffektiver Prozess, den sich die Wirtschaft nicht erlauben kann.

Junge Leute setzen manchmal ganz gezielt so lange Unverschämtheiten ein, bis sie zurechtgewiesen werden, und lernen so ihre Grenzen erkennen. Die Fehler, die wir gezielt machen, sind Fehler, deren Folgen wir glauben, ungefähr abschätzen zu können. Der gezielte Einsatz von Fehlern, so wissen Systemanalytiker, ist eine Methode, die Arbeitsweise von Systemen herauszufinden. Böse Zungen fragen deshalb mit Unschuldsmiene, wie Systemanalytiker eine Reifenpanne am linken Hinterrad beseitigen. Die Antwort ist: Sie montieren den platten Reifen hinten links ab und bringen ihn vorne rechts wieder an, um zu sehen, ob der Fehler wandert.

Der Satz: „Wir lernen nur aus Fehlern.", ist einer der klügsten Sätze, den ich kenne. Um ihn zu verstehen, muss man lange über ihn nachdenken. Das tut aber kaum jemand. Um bereit zu sein, aus Fehlern zu lernen, braucht man außerdem ein stark ausgeprägtes Selbstbewusstsein. Das ist auch nicht immer vorhanden. Was für einen Vorsprung bedeutet es daher, wenn wir uns mit Fragen zu Fehlern und unserem Umgang mit Fehlern eine ganz persönliche Fehlerkultur aufbauen.

Den anderen, die diesen Satz nicht kennen oder verstehen, werden wir nicht auf die Nase binden, dass wir das tun, wie wir das tun, und warum wir das tun. Sie würden auch das nicht verstehen und ohnehin nur böse dreinschauen.

– Eine ähnliche, aber weniger provokante Fragegruppe ist:
„War das heute (k)ein guter Tag?
Warum war das heute (k)ein guter Tag?
Was kann ich tun, damit es auch morgen ein guter Tag wird?"

Ich nehme noch einmal den Satz von Helmut Clemm auf, der fordert, dass wir lernen müssen, voneinander zu lernen und lernen müssen, Lernketten zu schließen.

Der Volksmund behauptet: „Wir lernen nur aus Fehlern." Entweder glauben die Leute dem Volksmund nicht oder sie verstehen ihn nicht.

Das ist ein unerhörter Satz. Dass Schüler von Lehrern lernen ist klar. Dass Lehrer von Schülern lernen wird als Möglichkeit zwar akzeptiert, aber falls der Lehrer am Abend aufschreiben müsste, was er am Tag von seinen Schülern gelernt hat, käme er in allergrößte Schwierigkeiten.

Chefs erwarten oder erhoffen, dass ihre Mitarbeiter von ihnen oder durch die Aufträge, die sie ihnen erteilen, etwas lernen. Aber was lernen Chefs von ihren Mitarbeitern. Was lernt das Marketing von der Produktion und was lernt die Produktion vom Marketing.

Was lernen Manager von ihrem Kantinenpersonal?

Was lernen wir vom Kantinenpersonal? Nichts?

Könnte es sein, dass Mitarbeiter wie beispielsweise das Kantinenpersonal die hauseigenen Produkte nutzen oder kaufen. Und warum tun sie das? Weil diese Produkte gut sind oder weil sie einen Rabatt darauf bekommen oder schlichtweg aus Loyalität.

Wer seine Mitarbeiter mit hauseigenen Produkten zum Vorzugspreis oder Nulltarif verwöhnt, kann von ihnen nicht lernen, wie sie das hauseigene Produkt einschätzen. Wer seinen Leuten für die eigenen Produkte Rabatte einräumt, wird nie erfahren, was sie wirklich bevorzugen und deshalb teure Marktanalysen bezahlen müssen.

Es könnte Mercedes Benz kaum etwas Besseres passieren, als wenn die eigenen Mitarbeiter plötzlich Autos von Toyota bevorzugen würden – und umgekehrt.

Mit drei Fragen zum Lernen melden wir uns für den olympischen Dreisprung an:

---

1. Die Vergangenheit
   Was habe ich heute gelernt, was habe ich heute geleistet?
2. Die Gegenwart
   Wie lerne oder arbeite ich überhaupt?
3. Die Zukunft
   Was muss ich ändern, um effektiver zu lernen.

Es könnte Mercedes Benz kaum etwas Besseres passieren, als wenn die eigenen Mitarbeiter plötzlich Autos von Toyota bevorzugen würden.

FRAGEKETTEN

Dieser Ansatz geht von der Idee aus, dass man mit jeder Frage auf Gedankenreise geht. Ist die einzelne Frage zu schwach, wird sie mit

Folgefragen verbunden. Der erste Schritt ist es daher, eine einfache Ausgangsfrage zu formulieren.

Wir wollen uns weiterbilden und machen aus dieser Absicht ein Vorhaben. Das Vorhaben kleiden wir in die Frage:

„Wie bilde ich mich weiter, um für die Zukunft gerüstet zu sein?"

Es gibt viele Möglichkeiten, mit dieser Frage weiter umzugehen. Meine Lieblingsmethode ist die Konzentration auf Schlüsselwörter. In diesem Fall sind das „sich weiterbilden", „Zukunft" und „gerüstet".

Ein etwas einfacheres Wort als „sich weiterbilden" ist lernen. Wenn wir bei den Worten „sich weiterbilden" und „lernen" keinen Unterschied sehen, können wir auch mit dem Wort „lernen" weiterdenken.

„Zukunft" ist als Begriff völlig nichts sagend. Ist es meine Zukunft oder ist es die Zukunft des Unternehmens? Wie wird die Zukunft aussehen? Gibt es überhaupt ein klares Bild der Zukunft? Wie kann ich mich für etwas rüsten, das ich nicht kenne. Ab wann ist die

Zukunft? Ab sofort oder ab übermorgen?

Wer eine Frage stellt, sollte zunächst versuchen, sie zu verstehen.

Wer eine Frage stellt, sollte zunächst versuchen, sie zu verstehen.

„Gerüstet zu sein" ist eine Metapher. Bei Metaphern, die entweder unbedacht aus Gewohnheit oder gezielt vom Unterbewusstsein gesetzt werden, empfiehlt es sich, das Bild zu überprüfen. Heißt „gerüstet" eine Rüstung und einen Schutz zu haben oder heißt es ausgerüstet, mit Werkzeug versehen zu sein. Horchen Sie in sich hinein, um festzustellen, welches Bild Ihrer Intention näher kommt. Hören Sie nichts, streichen Sie die leere Metapher und ersetzen Sie sie durch etwas mit Gehalt.

Eine substanzielle Frage hat selber Substanz.

Eine substanzielle Frage hat selber Substanz.

Die ersten Hilfsfragen haben keine andere Funktion als die Ausgangsfrage zu präzisieren.
Bei dem Schlüsselbegriff „Zukunft" haben wir gefragt, was uns gerade einfiel. Wir können auch systematisch vorgehen. Die Antwort auf die Frage, „Was lerne ich?", ergibt sich aus den Erkenntnissen, die ich aus meinen Überlegungen zu

den Schlüsselworten „Zukunft" und „gerüstet" gewonnen habe. Was ich noch nicht weiß ist, „Wie ich am besten lerne."

Schema:
Wie ... ich am besten?
Antwort:
„Keine Ahnung."
Frage:
„Wie finde ich heraus, wie ...?"
Antwort:
1. Irgendwo nachlesen,
2. jemanden fragen, der sich damit auskennt,
3. darüber nachdenken.

zu 1
In welchen Büchern lese ich nach?
Wie finde ich sie?
Wie kann ich beurteilen, dass diese Bücher etwas taugen?

zu 2
Wer sind die Experten?
Wie komme ich an sie heran?
Wie unterscheide ich wirkliche Fachleute von selbsternannten Experten?

zu 3
Worüber soll ich denn nachdenken?
Wie komme ich zu Gedanken?
Wie kann ich beurteilen, ob meine Gedanken etwas taugen?

Wenn Sie nicht wissen wie Sie nachdenken sollen, überlegen Sie einfach wann, wo und unter welchen Umständen Sie etwas ganz leicht oder nur sehr widerwillig gelernt haben.

Noch besser ist es, wir fragen einen Fachmann. Ich kenne da einen, der hat ungefähr sechs Jahre „Lernen durch Spielen" studiert, hat eine dreizehnjährige Erfahrung in institutionellen Lehreinrichtungen und womöglich noch einmal fünf bis sechs Jahre „Lernen für Fortgeschrittene" absolviert. Suchen Sie sich also jemanden, der fast zwanzig Jahre nichts anderes getan hat, als zu lernen. Sie treffen ihn täglich. Wenn Sie wissen wollen, wie er aussieht, schauen Sie wieder in ihren Badezimmerspiegel. Vielleicht weicht der Bildungsweg des einen oder anderen von dieser Abfolge ab. Das spielt keine Rolle. Eine Führungskraft hat fast ihr ganzes Leben lang gelernt. Was liegt folglich näher, als diesen Erfahrungsschatz zu heben.

Die Reihenfolge des effektiven Vorgehens ist ganz eindeutig:
Erst nachdenken,
dann lesen,
dann mit Leuten reden.

Diese Reihenfolge kennen wir bereits. Wir haben so viel Wissen in unseren Köpfen, dass es nicht das Problem ist, neues Wissen hineinzustopfen, sondern das alte Wissen herauszuholen.

Mit der Technik der Frageketten nehmen wir die Geschwindigkeit aus unseren Denkprozessen. Das alte Wissen ist tief vergraben und liegt nicht an der Oberfläche. Um unser eigenes Potential nach oben zu bringen, müssen wir Schächte abteufen und Stollen graben und dürfen uns nicht damit begnügen, dünne Bretter zu bohren.

Umständlichkeit ist manchmal ein Mittel, Denkprozesse zu verlangsamen und Abkürzungen zu vermeiden.

Umständlichkeit ist manchmal ein Mittel, Denkprozesse zu verlangsamen und Abkürzungen zu vermeiden.

Die Vorteile der Fragenkette werden deutlich, wenn wir vergleichen wo wir gestartet sind und wo wir angekommen sind. Wir wollten uns weiterbilden, wie viele unserer Kollegen auch.

Die Kollegen haben etwas getan. Sie sind in irgendwelche Kurse gegangen, deren Inhalte irgendwie zu ihren Erwartungen passten. Sie haben irgendwelche Bücher mit

Erfolg versprechenden Titeln gelesen. Die Kollegen haben viel gelernt, von dem sie allerdings nicht wissen, ob und wofür sie es überhaupt anwenden werden. Am Montag morgen nach dem Weiterbildungsseminar bemerkt jeder dann, dass der Kurs zwar etwas gebracht hat, aber ...

Wir hingegen haben nur still herumgesessen und nichts gelernt.

Die Kollegen gehen nun in eine zweite Lernrunde in der Hoffnung, dass jetzt etwas mehr dabei herauskommt als „zwar, aber".

Wir wissen,
- für welches Ziel wir uns weiterbilden wollen und wie wir das tun werden,
- wie die Zukunft aussehen könnte,
- über welche Voraussetzungen wir verfügen müssen, um im eigenen Unternehmen eine Innovationskultur einrichten zu können oder um die Auslandsvertretung zu übernehmen,
- wie wir selbst lernen, welche Lernformen für uns persönlich am sinnvollsten sind und wie wir auf originäre Ideen kommen.

Der Rest geht jetzt mit erhöhter Geschwindigkeit und Effizienz. Da wir erstens wissen, was wir wollen, und zweitens wie man erreicht, was man will, sind wir bereits jetzt nach kurzer Überlegung dort hingelangt, wo andere Weiterbildungswillige kaum hinkommen werden. Mit anderen Worten: Wir haben das im Logbuch konkretisierte Projekt mit einer einfachen im Logbuch angewandten Fragetechnik weitergeführt.

Wir haben außerdem bereits die ersten Erfahrungen mit der Logbuchtechnik gewonnen und außerdem so ganz nebenbei beschlossen, einen Leitfaden für eine effiziente unternehmensbezogene Weiterbildung zu schreiben. Das hilft uns nicht nur, die eigenen Schritte systematisch zu beobachten, und uns in der Weiterbildung systematisch zu verbessern, nein, es qualifiziert uns auch für den Posten des Weiterbildungsbeauftragten falls es mit der Auslandsvertretung doch nicht klappen sollte.

Unternehmen brauchen weder reine Macher noch reine Denker. Sie brauchen denkende Macher und machende Denker

Unternehmen brauchen weder reine Macher noch reine Denker. Sie brauchen denkende Macher und machende Denker.

Sollten wir uns weniger für Weiterbildung, sondern statt dessen mehr für Innovationen interessieren, beginnen wir mit einer der beiden Startfragen:
„Wie werde ich in meinem Unternehmen innovativer?"
oder
„Was passiert, wenn man in diesem Unternehmen eine Idee hat?".

– Die strikteste Anwendung des Schatzsucheprinzips steckt in den drei Fragen:
Was kann ich?
Was weiß ich?
Was kenne ich?

In meinem Logbuch laufen diese drei Fragen unter dem Etikett „Die Geschichte der 1001 Fähigkeiten". Die Frage, was man mit den drei Antwortlisten macht, ist gleichzeitig die Überleitung zu unserem dritten Weg.

DIE AUSEINANDERSETZUNG MIT DEM ICH

Die Beschäftigung mit dem „Ich" ist eine doppelschneidige Streitaxt, die stets mit großer Wucht geschwungen wird.

Die Beschäftigung mit dem „Ich" ist eine doppelschneidige Streitaxt, die stets mit großer Wucht geschwungen wird.

Selbstanalyse ohne ein Ziel ist ein tiefes Loch ohne Boden. Der psychologische Laie wird mit seinen Interpretationen und Erklärungen über das Stadium der Spekulation kaum hinauskommen. Noch schlimmer wird es, wenn er seine Nase in Fachliteratur hineinsteckt, die für eine andere Vorbildung geschrieben ist und dort entdeckt, dass er an irgendeinem Komplex leidet, der dann mit arabischen oder römischen Ziffern bezeichnet wird. Aus diesem Treibsand kommt man nicht mehr heraus. Deshalb begibt man sich am besten gar nicht erst hinein.

Also Hände weg von der Erklärung des eigenen Ichs.

Andererseits ist das einzige, was wirklich zählt, die eigenen Gefühle. Sie sind es, die uns antreiben und über unser Verhalten bestimmen. Wir brauchen sie nicht zu erklären und zu verstehen, aber was wir lernen müssen ist, sie zunächst zu erkennen und anschließend anzuerkennen. Bei Entscheidungen haben Gefühle nicht viel verloren. Bei Fragen der Motivation sind Gefühle alles.

Manche glauben, dass Gefühle kommen und gehen, so wie sich Sonne und Regen abwechseln. Das ist ein Irrtum. Manche wissen, dass man in der richtigen Stimmung Bäume ausreißen kann und versuchen es deshalb mit Motivationstraining. Das ist zwar kein Irrtum, aber dafür eine Sackgasse. Pepp-Talk ist erstens selten von langer Dauer und zweitens gibt es wichtigere Dinge zu tun, als Bäume auszureißen.

Toll wenn man Bäume ausreißen kann, aber was macht man mit ausgerissenen Bäumen?

Für den größten Teil seiner Gefühle ist jeder selbst verantwortlich. Um das zu verstehen, müssen wir aber erst einmal wissen, wann, wo und unter welchen Umständen welche Gefühle auftreten. Eine Vorübung war die Frage, wann und wo wir leicht und mit Freude gelernt haben und wo nicht.

Bei der Beschäftigung mit dem Ich geht es im Grunde genommen nur um zwei Dinge:
– einmal um eine Steigerung der generellen Sensibilisierung sich selbst und anderen gegenüber
– und zum anderen um die Selbstbeobachtung, um das eigene Verhalten kennen zu lernen und dann gezielt zu verändern.

115

Die folgenden, kurz anskizzierten Beispiele sind sechs gute Möglichkeiten, das alte Gewohnheitstier zu verlassen. Sie machen außerdem sehr viel Spaß.

SICH ÄRGERN

Wenn wir notieren, wann wir in den letzten Tagen glücklich, zufrieden, voller Freude, verärgert, nervös oder verzweifelt waren und nach einiger Zeit diese Liste in die Hand nehmen, werden wir feststellen, dass es zwischen den Notizen lange Zeitphasen gibt, die keine Eintragungen haben. Da wir in diesen Phasen wohl kaum gefühlslose Menschen waren, haben wir unsere Gefühle offensichtlich nicht wahrgenommen. Das beendet man einfach dadurch, dass man sich einige Male am Tag fragt, wie man sich im Augenblick fühlt und wie man sich in den letzten Stunden gefühlt hat. Mehr als einen Augenblick des Innehaltens braucht man nicht dazu.

Nach einiger Zeit ist es dann möglich, sich ziemlich genau an den Zeitpunkt heranzutasten, an dem die gelegentlich auftretende schlechte Laune beginnt. Von da ab ist es nur noch ein kleiner Schritt, den Anlass des Ärgers zu lokalisieren.

Ich musste bei mir überraschend feststellen, dass es für fast keine meine Verärgerungen einen wirklichen Grund gab, wohl aber immer einen Anlass. Wenn man sich anschließend mit diesen Anlässen intellektuell auseinandersetzt, verschwindet der Ärger meist von selbst. So schafft man sich zwar noch lange keine gute Laune, aber sorgt erstens dafür, dass man sich nicht den Tag verdirbt und verbessert zweitens das Betriebsklima in seiner Umgebung recht erheblich.

Wem etwas nicht passt, sollte es ändern. Kann er es nicht ändern, dann braucht er sich auch nicht darüber zu ärgern. Wer sich trotzdem ärgert, sollte einmal einen Stein in die Luft werfen und sich ausführlich darüber ärgern, wenn er wieder herunterfällt. Spätestens beim dritten Wurf wird er sich höchst lächerlich vorkommen.

Mensch ärgere dich nicht, und wenn doch, dann wenigstens mit Absicht.

DAS STUTZEN

Wenn wir den ganzen Tag herumlaufen, Dinge betrachten, mit Leuten sprechen, dann kommt es immer wieder vor, dass wir plötzlich ganz verdutzt innehalten oder dass uns ganz plötzlich etwas einfällt, was wir unbedingt der oder dem erzählen müssen. Wenige Augenblicke später ist es bereits wieder vergessen.

Noch einmal. Da gibt es immer wieder etwas, dass uns dazu bringt, den normalen Ablauf zu unterbrechen. Wir merken auf, machen dann aber weiter als wenn nichts gewesen wäre. In diesem Aufmerken sind Dinge enthalten, die uns zumindest für einen Augenblick wichtig erscheinen. Wir sollten sie retten.

Ein Stutzen hat immer einen Grund.

DIE KÖRPERWAHRNEHMUNG

Nichts ist uns vertrauter als die eigene Bewegung, aber zehn Menschen stehen auf zehn verschiedene Arten von ihrem Stuhl auf. Es gibt wichtigere Dinge als zu wissen, wie man sich von seinem Stuhl erhebt. Vielleicht. Vielleicht aber auch nicht. Wir glauben, dass etwas, das wir ständig tun und das nie bemängelt oder gerügt wird, wohl richtig sein wird.

Keine Spur.

Es kann genau so gut sein, dass unser Verhalten für andere nur so wichtig ist, wie der berühmte Sack

Reis, der irgendwo in China umfällt. Es kann auch sein, dass unsere Mitmenschen lediglich höflich genug sind, keine Kommentare abzugeben.

Die Aufmerksamkeit, die wir einer Sache schenken, sagt nichts über deren Wichtigkeit aus.

Die Aufmerksamkeit, die wir einer Sache schenken, sagt nichts über deren Wichtigkeit aus.

Man braucht sich nur einmal ganz langsam zu bewegen und sich darauf zu konzentrieren, was dabei im eigenen Körper passiert. Übungen zur Körperwahrnehmung sind ein hervorragendes Mittel aus unseren täglichen Selbstverständlichkeiten herauszukommen und sie neu zu überdenken. Es ist am Anfang mehr ein Spiel als eine ernsthafte Arbeit, bei der wir staunend in eine Welt schauen, die wir nie wahrgenommen haben.

Kreativen Menschen macht diese Wunderwelt Spaß. Sie halten die Beobachtungen fest und machen sich ein paar Gedanken darüber. Kreativität ist es, Gedanken zu denken, die man vorher nicht gedacht hat und die auch kein anderer denkt. Das tägliche eigene Umfeld der Selbstverständlichkeiten ist eine Fundgrube für neue Ideen.

Pragmatische Menschen kann man nicht mit Wunderwelten überzeugen, wohl aber mit den Ergebnissen der Körperwahrnehmung. Wer erlebt, wie er mitten in einer anstrengenden Konferenz schlagartig einfach dadurch neue Kräfte gewinnt, dass er sich anders hinsetzt, wird nachdenklich. Wer gelernt hat, seine Müdigkeit durch eine etwas veränderte Körperhaltung und ein etwas anderes Atmen abzuschalten, braucht kein Abenteuerland, um sich mit seinem Körper zu beschäftigen. Wer feststellt, dass er sein momentanes Selbstvertrauen einfach dadurch erhöhen kann, dass er den Körperschwerpunkt absenkt, wundert sich, warum er das nicht schon früher getan hat.

Opfertypen haben eine ganz spezifische Körperhaltung und eine Art sich zu bewegen, die jedem potentiellen Täter signalisiert, dass dort etwas zu holen ist. Um Siegertypen oder zähe Brocken macht man am besten einen Bogen. Die sind aber ebenso leicht auszumachen wie die Opfer.

Warum erkennt jeder in der Figur von Rodin den Denker? Bestimmt nicht, weil dieses Kunstwerk einen solchen Titel trägt. Für jede geistige

Tätigkeit gibt es eine dazugehörige Körperhaltung. Wer seine persönliche Durchschlagskraft erhöhen möchte, braucht nur seinen Körper minimal anders einzusetzen. Er muss lediglich wissen wie.

Für das ganz persönliche Übungsprogramm gibt es viele Möglichkeiten. Übungen des Qi Gong, des Tai Chi Quan oder die Prinzipien der Feldenkraisschule eignen sich für die Körperwahrnehmung in der Bewegung. Sollten Sie zu den wenigen Menschen gehören, die die Teezeremonie beherrschen, kennen Sie den Weg der inneren Versenkung über die Konzentration auf einfache Handlungen besser als ich und können mir Ratschlage geben. Auch gewiefte Verhandlungsführer, Pokerspieler oder Schauspieler kennen die Bedeutung der Körpersprache.

Ein Freund von mir wollte einmal ein Musikstück schreiben, das nur aus Klängen zusammengesetzt war, die man draußen auf den Straßen hörte. Wer die Musik im Verkehrslärm sucht, der findet sie auch. Hört man auf zu suchen, ergibt sich nach einiger Zeit einfach nur wieder Krach und Lärm.

Anderer Leute Selbstverständlichkeiten sind für den Innovateur ein Abenteuerland.

DAS ZWEIGLEISIGE SCHREIBEN

Die drei ersten Beispiele helfen, die eigene Sensitivität ganz allgemein zu erhöhen und sind ernsthafte Spielereien. Die folgenden drei Beispiele sind zielgerichteter und fallen eher in die Kategorie spielerische Ernsthaftigkeiten.

In meinen Rhetorikkursen wird der letzte Vortrag schriftlich festgehalten. Entweder liegt ein schriftliches Manuskript oder ein Tonmitschnitt des Vortrages vor. Die Grundannahme ist, dass kein Satz und erst recht kein Abschnitt einer Rede ohne Funktion sein sollen. Was bewertet wird ist deshalb der Kommentar, der zu jedem einzelnen Abschnitt, manchmal auch zu jedem einzelnen Satz gegeben wird. Was unkommentiert bleibt oder erst im Nachhinein mit einer Erklärung versehen wird hat keine Funktion und kann gestrichen werden. Der angehende Rhetoriker schreibt also über den einen Rede schreibenden Redner.

Der CEO plant den völligen Umbau des Konzerns und schreibt gleichzeitig über den CEO in Planung und

Aktion. Es schreiben außerdem der verkaufende Verkäufer, der auswählende Personalchef und der erfindende Erfinder.

Ich setze das zweigleisige Schreiben auf zwei Gebieten mit großem Erfolg ein. In der Forschung versuche ich neben der wissenschaftlichen Frage auch den Ablauf meiner Gedankengänge zu verstehen. Jeder gedachte Gedanke – auch ein Erfolg versprechender Gedanke – schließt andere Gedanken aus. Die nicht gegangenen Wege zu kennen ist eine weise Vorsichtsmaßnahme gegen Verirrungen.

Als Lehrer, Trainer, Coach und Seminarleiter weiß ich mittlerweile fast immer, warum ich etwas mache. Deshalb lässt sich ein großer Erfolg leichter wiederholen und die unvermeidlichen Misserfolge leichter korrigieren. Das gleiche gilt für den Lernerfolg aus der Sicht des Seminarteilnehmers oder Schülers.

Sich die eigenen Handlungen und das eigene Verhalten deutlich zu machen ist die Voraussetzung jeder gezielten Verhaltensänderung. Wer sich weiterbildet und dazu die Logbuchtechnik einsetzt, hat die

Möglichkeit, seinen eigenen Lern-prozess zu beschreiben.

- **Was hat mir gefallen, was nicht?**

- Wo habe ich gestaunt, was hat mich überrascht?
- Wann hatte ich das Gefühl, etwas Neues gelernt zu haben?
- Welche neuen Gedanken kamen plötzlich?

Bei allen diesen Fragen geht es nicht um sensationelle Antworten. Ganz im Gegenteil. Wir suchen stattdessen die vielen kleinen unauffälligen Gedanken, die wir ständig denken. Wir wollen nicht den Lehrer bewerten oder überlegen, ob wir genug für unser Geld bekommen haben. Wir wollen beschreiben und erfassen, was mit uns selbst während des Lernens passiert ist.

Wer sucht, der findet. Deshalb, finde ich, sollte man nie aufhören zu suchen.

Der Redner redet über das Reden,
der Schreiber schreibt über das Schreiben,
der Erfinder erfindet das Erfinden und
der Manager managt das Managen.

Noch erfolgreicher als die Beob-achtung ist die ständige Bewertung. Nach jeder Arbeitseinheit, beispielsweise einer Besprechung, können wir notieren:

- was an dieser Besprechung erfolgreich war,
- was wir persönlich davon gehabt haben,
- wo für uns der Nutzen lag,
- was daran besonders gut war,
- was ist uns nicht gelungen und warum nicht?

Wenn uns zu diesen Fragen noch nichts einfällt, dann können wir entweder unseren eigenen Arbeitsprozess nicht beurteilen (noch fehlt die Sensibilität) oder die Sitzung war wirklich völlig überflüssig.

Im Übrigen können wir jetzt sofort notieren, was uns zu diesem Kapitel einfällt. Ich gebe uns drei Minuten Zeit.

DAS TRANSFERDENKEN

Auf einer etwas anderen Ebene als das zweigleisige Schreiben liegt die Selbstbeobachtung als Einstieg in das Transferdenken. Der Mensch arbeitet nicht nur, er tut auch noch viele andere Dinge.

Wer einmal in der Woche zum Basketball geht, kann ein Buch

darüber konzipieren. Er muss es ja nicht gleich schreiben. Es genügt, sich Gedanken über Inhalt und Gliederung zu machen. Man fängt an nachzudenken, was der Trainer mit seinen Anweisungen vorhat, welchen Wert einzelne Übungseinheiten haben, was Teamgeist ausmacht, was die eigenen Gefühle in der Stunde des Sieges oder der Niederlage sind. Basketball bekommt plötzlich allein deshalb einen anderen Stellenwert, weil man sich auch geistig damit beschäftigt.

Beim Eiskunstlauf, Aikido, Reckturnen und Seiltanzen kann ich mir eine Liste der einzelnen Übungen machen und notieren, was ich bei jeder einzelnen Übung entdecke oder was mir mein Lehrer dazu sagt. Damit bekommt jede einzelne Übung einen Körper und wird rund. Sonst stände dort nur eine entsprechende Überschrift.

Ich sitze auf einem Pferd. Mit den Anweisungen „Absätze runter, Hände tief und sitzen, sitzen, sitzen" kann kein Anfänger etwas anfangen. Jeder, der auf einem Pferd sitzt, sitzt da eben. Aber offensichtlich gibt es einen Unterschied zwischen einem, der vom Pferd transportiert wird, und einem, der reitet. Sitzen scheint beim Reiten ein aktiver Prozess zu

Hurra ich kann reiten rief das Kind,

sein und auf einem Pferderücken anders abzulaufen als auf einem Barhocker.

Vielleicht haben wir auch als Kind einmal intensiv Tischtennis gespielt und erst später mit dem Tennis angefangen. Der Trainer hat manchmal viel Mühe, die Bedeutung von Grundschlägen zu vermitteln, weil wir viel lieber unsere Erfahrungen von Topspin und Schneiden einbringen wollen. Wo liegt der Unterschied zwischen Tennis und Tischtennis.

Sport kann auch ein intellektuelles und ein mentales Spiel sein. Beim Wettkampf in jedem Fall, aber auch im Kampf gegen sich selbst, wie Golf, Tanzen, Billard und alle anderen Sportarten ohne Gegner zeigen.

Für alle diese Dinge muss man sich nicht erst einlesen. Man kann sofort damit anfangen. Alles was man braucht ist etwas Selbstbeobachtung, Wahrnehmung, und ein wenig nachdenken über das, was man tut.

Bis zu diesem Punkt ist der einzige Unterschied zum zweigleisigen Schreiben, dass wir uns mit Dingen beschäftigen, die mit unserer

das sich von einem Pferd transportieren ließ.

127

Arbeitswelt nichts zu tun haben, in denen wir aber über einige Kompetenz verfügen.

Wir legen erneut einen Schalter herum, wenn wir uns fragen: „Wofür gilt das, was ich weiß, sonst noch?"

Was bedeutet das Spiel über die Flügel für Ihre nächste Marketingoffensive.

Wenn uns der Fußballtrainer einmal gesagt hat, wir sollten mehr über die Flügel spielen, was bedeutet das eigentlich für unsere augenblickliche Marketingoffensive.

Florett-, Degen- und Säbelfechter sind unterschiedliche Typen von Menschen. Diese drei Turnierwaffen passen nicht zu allen Typen wusste Meister Eggert, unser ehemaliger Bundestrainer zu erzählen. Je höher das Niveau im Leistungssport, desto deutlicher werden diese Unterschiede. Was bedeutet eine solche Erkenntnis für den Umgang mit Mitarbeitern und Kunden oder für die Verteilung und das Delegieren von Aufgaben an einzelne Mitarbeiter.

Wie gehen Sie mit Hunden, Katzen, Pferden, Vögeln und

Wer eine Standardmethode im Umgang mit Menschen hat, sollte diese einmal bei der Aufzucht von Hunden anwenden oder umgekehrt. Er wird dabei scheitern, aber bei diesem

128

Scheitern sehr viel lernen und seinen ursprünglichen Ansatz differenzieren können.

1001 FÄHIGKEITEN

Die Liste der 1001 Fähigkeiten ist eine Spielart des Transferdenkens. Wir haben so viel in unserem Leben gelernt, dass es längst aus unserem Bewusstsein verschwunden ist. Alles was wir tun müssen ist, diese Fähigkeiten einmal aufzulisten, um uns daran zu erinnern. Wahrscheinlich werden wir feststellen, dass wir nur einen Bruchteil unserer Fähigkeiten nutzen.

Menschen um. Gibt es da etwas Unterschiede?

ZUSAMMENFASSUNG

Eine der größten Innovationen von allen ist es, sich die eigenen Denk- und Interaktionsweisen einmal bewusst zu machen und dann gezielt zu verändern.

Das Programm des Querdenkers enthält:
- Handlungswissen schaffen
- Fraglosigkeit vermeiden
- Triviale Erkenntnisse durchdenken
- allgemeine Erfahrungen überprüfen
- Wahlmöglichkeiten schaffen
- Sachzwänge negieren

Das Logbuch als ständiger Begleiter ist deshalb so wichtig, weil wir gewohnt sind, situativ zu lernen. Das bedeutet, dass wir anschließend dieselbe oder eine ähnliche Situation brauchen, um das wieder abzurufen, was wir einmal gelernt haben. Je ähnlicher sich die Situationen sind, desto einfacher geht das. Das ist eine gigantische Verschwendung von Ressourcen oder Erfahrung. Es gibt zwei Wege damit umzugehen und das individuelle Potential deutlich zu steigern. Der eine ist über Kenntnisse über die eigenen Fähigkeiten, Fertigkeiten und das eigene Wissen zu verfügen. Der andere Weg ist der, dass man sich selbst ständig beobachtet und objektiviert, um herauszufinden, was man denn eigentlich tut und vor allem, wie man es tut.

p.s. Andockpunkte an Nachbar-themen sind:

- Mindzapping
- Arbeit mit Zielen
- Wahrnehmung
- Lernen

ÜBERFLÜSSIGER? NACHKLAPP

Was Sie wahrscheinlich ohnehin ständig tun ist Lesen. Manche Bücher verkürzen Stunden. Solche Bücher haben ihren Zweck in dem Augenblick erfüllt, in dem man sie zuklappt. Manchmal braucht man aber auch eine Information und liest ein Buch, um eine Antwort auf eine Frage zu finden oder sich für eine Situation vorzubereiten. Anschließend wird das meiste wieder vergessen. Was aber auch nicht weiter schlimm ist, weil man sich wichtige, benötigte Information notieren kann.

Dann gibt es Bücher, die einen irgendwo anrühren. Man klappt das Buch zu, schaut gedankenverloren in den Himmel und sagt, ja, das war's. Der Autor hat etwas ausgedrückt, was wir immer schon gefühlt haben, aber nie so sagen konnten. Man hat das Gefühl, etwas gelernt zu haben, oder eine unordentliche Ecke in unserem Kopf wurde aufgeräumt, eine unerledigte Sache endlich erledigt. Ein schönes Gefühl, leider nur von kurzer Dauer. Das ist wichtig und muss gerettet werden. Wir können sicher sein, das später noch einmal zu brauchen, auch wenn wir im Augenblick noch nicht wissen wann und zu welchem Zweck.

Der Strich unter einem bemerkenswerten Satz in einem Buch ist so wirkungsvoll wie ein Knoten im Taschentuch, das im Wäscheschrank liegt.

Bücher gibt es, die sind so voller Ideen, dass man mit dem Unterstreichen gar nicht mitkommt. Leider hat man mit dem Unterstreichen nicht mehr geschafft, als die Stellen zu markieren, die einen zu einem Hoppla veranlasst haben.

Wenn wir eine Textstelle unterstreichen, weil sie uns wichtig erscheint, und nicht gleichzeitig unsere Gedanken dazu festhalten und weiterverarbeiten, dann können wir die Textstelle auch gleich durchstreichen. Der Strich unter einem bemerkenswerten Satz in einem Buch ist so wirkungsvoll wie ein Knoten im Taschentuch, das im Wäscheschrank liegt.

Beim Lesen von Büchern habe ich mittlerweile immer ein Lesezeichen dabei. Meistens besteht es aus einem gefalteten DIN A4 Blatt. Bücher haben nun einmal die Eigenschaft in mir eine ganze Anzahl von Gedanken loszutreten, und die Ränder sind so eng, dass ich nur in Stichworten notieren kann, was ich denke. Das ist dann meistens missverständlich. Das DIN A4 Blatt ist da besser. Ist es voll, höre ich auf zu lesen. Kommen keine Gedanken, weil es nicht neu ist, dass der Held die Heldin küsst oder dass der Superdetektiv Humphrey Bogart kopiert, dann macht das auch nichts.

Ein Buch scheucht Gedanken auf, die man nicht wegfliegen lassen sollte

133

DAS WIEDERSEHEN

Die im Logbuch versammelten Gedanken haben ein gewaltiges Potential. Jetzt kommt es darauf an, dieses Potential zu nutzen. Ob die Logbucharbeit letztlich zu einem Urknall führt, hängt allein davon ab, was man mit dem Hineingeschriebenen anfängt.

SCHRITT 1, GEDANKENPAKETE

Mein eigener Weg ist recht einfach und besteht aus vier Schritten. Alle Gedanken werden in einen Masterfile mit Namen „Logbuch" hineingeschrieben. Nach jedem Monat wird der Inhalt in einem „Zeitfile" gespeichert und bekommt einen entsprechenden Zeitnamen wie beispielsweise Mai2001. Alle neuen Gedanken und Eintragungen gehen wieder in den nunmehr leeren Masterfile. Weniger abstrakt: Am Ende des Monates kommen die Einnahmen auf die Bank und die leere Kasse kann wieder gefüllt werden. Wer lieber mit Papier und Bleistift arbeitet, kann mit Einzelseiten, die sich abheften lassen, oder großen Karteikarten den gleichen Effekt erzielen.

Am Monatsende ist Zahltag und die Gedanken kommen auf die Bank

Was wir durch diesen Schritt gewinnen sind ordentlich geschnürte und nicht zu große Gedanken-päckchen, die sich mit minimalem Zeitaufwand weiterverarbeiten lassen. Die gesammelten Gedanken eines Monates werden wahrscheinlich irgendwo zwischen zehn und dreißig Druckseiten pro Monat liegen. Vielschreiber können mit Vierzehntagesintervallen arbeiten, Kampagnendenker können auch alle zwanzig Seiten einen Schnitt machen und ihre Päckchen einfach durchzählen.

Dieser erste Arbeitsschritt sorgt dafür, dass der Arbeitsaufwand des nächsten Schrittes gering bleibt.

SCHRITT 2, EIN ERSTES WIEDERSEHEN

Das Zeitpäckchen ist noch nicht ganz verschnürt, da wird es schon wieder geöffnet und sein Gedankeninhalt umsortiert. Jeder einzelne Gedanke erhält eine thematische Überschrift oder ein Schlüsselwort und wird in einem Themenpäckchen neu abgepackt. Auch die Bank sortiert ihre Scheine.

Was kümmert mich mein Gedenke von gestern?

Diese Durchsicht bedeutet ein erstes Wiedersehen mit den alten Gedanken des letzten Monates, was häufig zu neuen Gedanken führt, die dann wieder im Logbuch notiert werden. Diese sich selbstverstärkende Gedankenschleife ist eine der Prozesse, die aus dem Logbuch einen Gedankenverstärker machen.

Die thematischen Überschriften sind im Grunde nichts anderes als eine erste Einschätzung, wozu dieser oder jener Gedanke wohl zu gebrauchen sei. Da man einen Gedanken mehrfach benutzen kann, ohne dass er sich dabei verbraucht, sind nicht nur mehrere Zuordnungen möglich, sie sind sogar erwünscht. Es hindert uns auch nichts, alle Einzelideen und Gedankensplitter, die nicht zu einem Hauptthema passen, unter „Diverses" zusammenzufassen.

Einige unserer Gedanken werden wir bei diesem Wiedersehen begrüßen wie gute alte Freunde, die wir lange nicht gesehen haben. Andere werden uns fremd und wieder andere so trivial erscheinen, dass es im Nachhinein völlig unerklärlich ist, warum wir sie aufgeschrieben haben.

Wir behalten alles und löschen nichts, denn jeder notierte Gedanke war ursprünglich ein spannender Gedanke. Wenn er im Nachhinein banal erscheint wurde er entweder

Alles! Das ist das eigentliche Geheimnis des Logbuchs

nicht so notiert, dass er seine Spannung beibehalten konnte, oder wir haben uns in dem einen Monat bereits so weiterentwickelt, dass dieser Gedanke zum alten Eisen von Gestern gehört. Häufig versteckt sich hinter der Banalität eines Gedankens nichts anderes als ein momentaner Aufmerksamkeitswechsel.

Dieser zweite Arbeitsschritt dient der Gedankenverstärkung, der Gedankenstrukturierung und der Erstellung einer ersten groben Gedankenverknüpfung.

SCHRITT 3A, EIN ZWEITES WIEDERSEHEN

Es ist nur eine Frage der Zeit, bis die Themenblöcke zu groß und unübersichtlich werden. Meine eigene Grenze liegt irgendwo zwischen dreißig und fünfzig Druckseiten. Wenn diese Grenze erreicht wird, ist es Zeit, die Themenblöcke erneut zu durchforsten und nachzuschauen, ob sich innerhalb des Themas einzelne Unterthemen als selbständige Einheiten herauskristallisieren.

Dieser Schritt ist erheblich mehr als eine weitere Neuorganisation von Gedanken. Man beschäftigt sich mit seinen alten Gedanken nicht nur zum dritten Mal, sondern hat erst jetzt zum ersten Mal die Möglichkeit, diese Gedanken in einem größeren Zusammenhang zu sehen. Erst beim zweiten Wiedersehen mit dem nötigen zeitlichen Abstand und einer kritischen Gedankenmasse unseres Themas können wir beurteilen ob unsere bisherigen Gedanken irgendeine Struktur, innere Logik oder irgendwelche Verbindungen aufweisen.

Einzelgedanken können faszinierend sein. Faszinierend sind auch schillernde Pailletten, bunte Mosaiksteine und eigentümlich geformte Puzzlestücke. Zufrieden sind wir erst, wenn wir sie zusammengefügt haben.

Das Neue auf einer Gedankenexpedition ist weder die bunte Feder, die wir finden, noch die Reste einer gesprenkelten Eierschale, noch beides zusammen, sondern einzig und allein der Paradiesvogel auf dem Baum.

Auch ein Archäologe braucht mehr als einen Einzelfund, um den Grundriss einer Stadt und die Lebensweise der Menschen in dieser Stadt zu verstehen.

So faszinierend ein einzelner Pinsel-

strich auch sein kann, am Ende zählt nur das fertige Bild.

So faszinierend ein einzelner Pinselstrich auch sein kann, am Ende zählt nur das fertige Bild.

Eine Zeitlang war eines meiner Hauptinteressengebiete das strategische Denken. Alles, was irgendwie damit zu tun hatte, landete im Themenblock Strategie. Beim dritten Arbeitsschritt, der ungefähr ein Jahr auf sich warten ließ, stellte sich heraus, dass sich eine Unmenge meiner Gedanken mit Zielen und Visionen beschäftigt hatten. Es erschien daher nur folgerichtig, alle diese Gedanken aus dem Strategiefile herauszunehmen und in einem eigenen thematischen Unterpaket zu sammeln. Das war zunächst nur ein reiner Sortierungsschritt, der das Strategiepaket auf eine handhabbare Größe reduzierte. Aber die Auswirkungen dieses Schrittes waren beeindruckend.

Befreit vom Umfeld des strategischen Denkens begann das Thema „Ziele und Visionen" jetzt ein Eigenleben zu entwickeln. Es stand nun im Zentrum der Wahrnehmung, war wichtig geworden und fand gebührende Beachtung. „Ziele und Visionen" suchte und fand Bündnispartner in so unterschiedlichen Themenbereichen wie

„Innovationsstrategien", „persönliche Lebensführung", „Grundprinzipien des Erfolges", „Lernen und Lehren", „Menschenführung" oder „Wissenschaftliches Arbeiten".

So wenig wie das Sammeln von Briefmarken den Einstieg in die globale Kommunikation bedeutet, so wenig hat eine Gedankensammlung etwas mit einem Gedankengebäude zu tun. Trotzdem gilt, dass wir erst bauen können, wenn das Baumaterial an Ort und Stelle liegt.

Das Sammeln von Briefmarken ist kein Einstieg in die globale Kommunikation.

Der dritte Arbeitsschritt ist der Schritt vom situativen zum konzeptionellen Denken

SCHRITT 3B, DYNAMIK UND STILLSTAND

Das ist eigentlich gar kein Schritt, sondern eher ein Innehalten, denn einige Themenblöcke hören irgendwann auf zu wachsen, weil es keine neuen Gedanken mehr zu ihnen gibt. Sie erreichen unter Umständen nie die kritische Größe und schlummern nach einiger Zeit vor sich hin, ein eindeutiges Zeichen von mangelndem Interesse und mangelnder Aufmerksamkeit.

Hier ist mein Bearbeitungskriterium

nicht mehr die kritische Größe, sondern die kritische Länge der Ruhepause. Jeder Themenblock wird nach spätestens einem Jahr überprüft. Wenn ein Thema aus dem Focus der Aufmerksamkeit ausschert, dann gibt es Gründe dafür. Die sollte man herausfinden.

Es kann sein, dass man sich wirklich nicht mehr für dieses Thema interessiert, weil man einfach aus ihm herausgewachsen ist. Das Logbuch verändert die Leute, die es führen, ständig. Vielleicht ist aber auch nur die Überschrift unsinnig geworden und die neuen Gedanken zum selben Thema werden nun unter anderen Stichworten zusammengetragen. Die übergeordneten Zusammenhänge erschließen sich einem nur schrittweise.

Wer weitergeht, lässt sogar seine eigenen Gedanken hinter sich.

Für die Bearbeitung eines toten Themas ist nur eine Frage wichtig. Lassen wir es tot, beleben wir das Thema wieder oder nehmen wir die Gedanken heraus und ordnen sie neu zu?

Mein File Strategie existiert immer noch, aber er ist nicht mehr sehr aktiv. Das ursprünglich Spannende am zielorientierten, mittel- und langfristigen Denken war die Beobachtung, dass zwar viele darüber reden, es aber kaum praktiziert wird.

Heute sehe ich das strategische Denken gleichberechtigt neben dem taktischen oder situativen Denken stehen. Heute ist für mich der spannende Aspekt die Verknüpfung von Denkprozessen auf verschiedenen zeitlichen und räumlichen Maßstabsebenen. Eine erfolgreiche Unternehmensplanung braucht ein Konzept, in dem situatives, taktisches und strategisches Denken nicht nur reibungsfrei nebeneinander stattfinden, sondern sich sogar ergänzen.

So wie der Diplomat mit verschiedenen Wahrheiten tanzt, muss der Unternehmer das mit verschiedenen Zeitperspektiven tun, ohne dass sich eine dieser empfindlichen Bräute verraten fühlt.

Was für eine Herausforderung!

SCHRITT 4, GRENZEN DES WACHSTUMS

Die drei Arbeitsschritte führen dazu, dass immer mehr Gedanken gedacht und immer mehr Verbindungen geknüpft werden. Das ist ja auch das Ziel dieses Werkzeuges. Mit zuneh-

Ein Unternehmen sollte immer auf mehreren Hochzeiten tanzen. Es spricht nichts dagegen, dass alle diese Hochzeiten im eigenen Unternehmen stattfinden.

mender Gedankenfülle steigt aber auch der Zeitaufwand, der für die Logbucharbeit aufgewendet werden muss. Was uns also noch fehlt ist etwas, das dafür sorgt, dass unsere mit Gedanken randvolle Wanne auch einmal leer läuft. Wir müssen noch lernen, den Stopfen herauszuziehen.

Für den Profi ist das Logbuch ein Handwerkszeug und kein Selbstzweck. Die Vorgaben des Profis sind seine Ziele, die gleichzeitig darüber entscheiden, mit welchen Themen sich eine weitere Beschäftigung lohnt und mit welchen nicht.

Das ist zwar noch kein Badewannenstopfen, zeigt aber, dass wir nicht in fünf Wannen gleichzeitig baden müssen, nur weil wir das Wasser bereits eingelassen haben.

Die Entleerung der Gedankenbank geschieht einfach durch die endgültige Umsetzung. Wir schreiben ein Buch, ein Manual, einen Verhaltenskodex, wir organisieren einen Weiterbildungskurs oder halten Vorträge. Wir können auch ein neues Unternehmen gründen. Das sind die Endprodukte. In dem Augenblick, in dem die Endprodukte geschaffen sind, sind die Gedanken aus der Bank heraus und in das Produkt hineingegangen. Welche Produkte wir schaffen wollen hängt wiederum einzig von unseren Zielen ab. Am Ende des Nachdenkens steht immer ein Produkt. Alles andere ist Nabelschau.

Am Ende des Nachdenkens steht ein Produkt.

DER UMWEG DER ABKÜRZUNG

Bei den Eintragungen in das Logbuch gibt es immer wieder die Versuchung abzukürzen. Man steckt mitten in einem Projekt, bei der Projektarbeit kommen immer wieder neue Gedanken zu diesem Projekt und man fragt sich, warum die noch in das Logbuch geschrieben werden sollen, wo sie doch direkt zum Projekt gehören?

Bleiben Sie bitte umständlich. Geben Sie dieser Versuchung nicht nach. Tragen Sie auch diese Gedanken in Ihr Logbuch ein, selbst wenn das schwer fällt, weil Sie glauben, das wäre doppelte Arbeit. Wenn wir das nicht tun, dann verzichten wir, um zwei Minuten Zeit zu gewinnen, freiwillig auf zwei entscheidende Logbuchvorteile.

Die Zwei-Minuten-Abkürzung führt am Schatz vorbei oder,
wählen Sie im Dschungel keine Abkürzung.

Wir können später nicht mehr nachvollziehen, wann und wie wir auf diese Gedanken gekommen sind, weil der zeitliche Kontext fehlt. Damit bleibt zur Selbstreflexion und Beurteilung des eigenen schöpferischen Prozesses nur noch das fertige Produkt. Man kann herausfinden, wie Ford ein Auto baut, indem man das Auto auseinander nimmt. Einfacher ist es, den Fertigungsprozess von der Produktplanung bis zur Auslieferung zu beobachten, aber das haben wir mit unserer Abkürzung aus der Hand gegeben.

Ein neuer Gedanke hat selten nur einen einzigen Aspekt und nur eine einzige Bedeutung. Er steht fast immer in einem übergeordneten Zusammenhang, der sich einem erst nach langer Zeit erschließt. Wird er direkt in das Produkt eingebunden, gehen diese Aspekte alle verloren. Viele meiner wichtigen Gedanken mussten später neu zugeordnet werden, einfach nur deshalb, weil ich selber dazugelernt habe. Das wäre gar nicht möglich gewesen, wenn sie bereits vorschnell wegsortiert worden wären.

Zur Erinnerung: Kreativität ist die Fähigkeit, Verbindungen zu sehen, die man vorher noch nicht gesehen hat.

Abkürzungen sind immer beliebt. Einmal weil wir alle bequem sind und zweimal weil wir glauben, dass Zeit kostbar ist. Aber in unbekanntem Gelände sind Abkürzungen lebensgefährlich. Im Urwald ist es klüger, sich an Flussläufen entlang zu bewegen, selbst wenn diese den einen oder anderen Haken schlagen. Auch in der Wüste verlässt niemand einen markierten Trail, weil er die nächste Oase hinter dem Hügel auf der linken Seite vermutet. Nur bei den geistigen Abenteuern, bei der Erforschung der weißen Flecken des eigenen Denkens, ausgerechnet da soll das funktionieren.

Der Nachteil der vorschnellen, direkten Zuordnung von Notizen ist, dass diese Zuordnung wie in einer Ablage meist nicht thematisch oder inhaltlich begründet wird, sondern formaler Natur ist.

A1,
Treffer, Versenkt!
Aber Innovateure spielen nicht gern Ideenversenken!

Innovateure spielen ungern Ideenversenken?

Für einen Vortrag vor geladenen Gästen der Hochfinanz fällt einem Redner der Ausspruch ein: „Jedes Ding hat zwei Seiten – eine konkave und eine konvexe", der belegen soll,

dass Trivialitäten oft mit Rätsel-
haftigkeiten verknüpft sind. Dieser
Satz geht unter dem Suchwort
„Vortrag" wahrscheinlich verloren,
denn für spätere Vorträge ist er
verbraucht und wertlos. Unter
„Aphorismus" oder „Satz" oder
„Zitat" ist er vielleicht besser
aufgehoben, weil man später eine
Aphorismussammlung veröffent-
lichen kann. Wenn er aber unter
Wahrnehmung steht, wo er inhaltlich
hingehören kann, wird er immer
beachtet werden, wenn es um die
Wahrnehmung geht und es lassen
sich Brücken schlagen zu Themen
wie „Denkblockaden" oder „sich
ausschließende Konsequenzen in
Regelkreisen".

ZUSAMMENFASSUNG

Der Erfolg der Logbuchtechnik ruht auf zwei Säulen. Erst müssen Gedanken gedacht werden und dann muss mit diesen Gedanken etwas geschehen. Sollten Sie sich als Unternehmer der Herstellung von Ideen annehmen, empfehle ich Ihnen ein Neun-Punkte-Programm.

1. Produktion von Ideenprototypen
2. Testen von Ideen
3. Lagerhaltung von Ideen
4. Hochglanzpolitur von Ideen
5. Vermarktung von Ideen
6. Verkauf von Ideen
7. Pflege von verkauften Ideen
8. Service, Reparatur und Nachbesserung von Ideen
9. Rücknahme fehlerhafter Ideen

Im Übrigen ist dieses Manual ein Logbuchprodukt.

Ich wünsche allen Lesern viel Erfolg.